SYMBOLES EUCHARISTIQUES

CARTHAGE

par le

R. P. DELATTRE

Correspondant de l'Institut
Directeur du Musée Lavigerie

TUNIS

IMPRIMERIE GÉNÉRALE J. ALOCCIO, 4, RUE ANNIBAL

1930

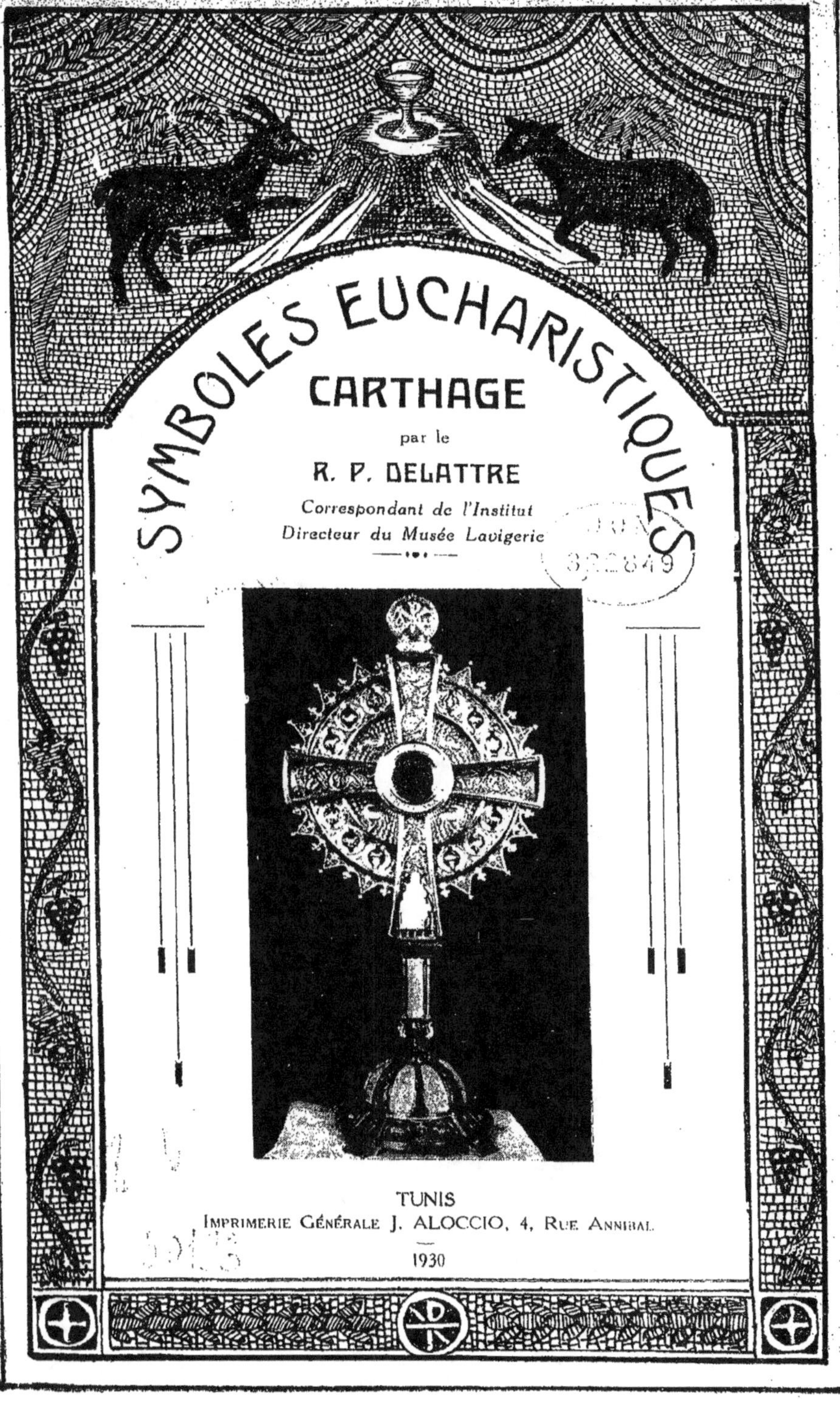

SYMBOLES EUCHARISTIQUES

CARTHAGE

par le

R. P. DELATTRE

Correspondant de l'Institut
Directeur du Musée Lavigerie

TUNIS
IMPRIMERIE GÉNÉRALE J. ALOCCIO, 4, RUE ANNIBAL.

1930

Imprimatur
25 Avril 1930

ALEXIS
Archevêque de Carthage
Primat d'Afrique

Les Symboles Eucharistiques[1]

Le Congrès Eucharistique international de 1930 me fournit l'heureuse occasion de faire connaître combien l'Eglise d'Afrique, l'Eglise de Carthage en particulier, fut dévouée au culte de Jésus-Hostie. Mon intention, dans cette brochure, est de signaler les principaux symboles que la piété des fidèles aimait à faire figurer sur ses monuments, sur les instruments liturgiques et sur les ustensiles domestiques.

Pour ne parler que de la Tunisie, où l'on retrouve les ruines d'environ 200 basiliques, chapelles ou simples *memoriae*, j'indiquerai les emblèmes eucharistiques en usage parmi les chrétiens et que j'ai eu l'occasion de relever.

Mais avant d'en fixer le sens, il convient de remarquer qu'il importe de ne pas se départir d'une certaine réserve, car à côté de sujets qui ne laissent subsister aucun doute, il y en a dont la signification n'est pas absolument précise.

Si, dans certains cas, nous pouvons affirmer que tel sujet se rapporte à Notre-Seigneur Jésus-Christ, qu'il symbolise, par exemple, le sacrement de baptême ou la grâce en général, il ne sera pas toujours facile d'en établir le sens eucharistique.

Pour reconnaître le sens eucharistique, il faudra tenir compte des motifs dont le sujet principal est accompagné et demander la lumière aux écrivains de l'Afrique chrétienne.

C'est dans cette disposition d'esprit et avec ces réserves que je donne la liste des symboles eucharistiques que j'ai eu l'occasion de relever.

---

[1] Un certain nombre de symboles décrits dans cette brochure n'ont pu y figurer en gravure, les dessins envoyés à Paris pour l'exécution de l'ostensoir du Congrès n'étant pas revenus à temps pour être clichés. Les dessins sont dus à la plume de M. l'Abbé Laverdure, de M. Clément Thouverey et du regretté Marquis d'Anselme ainsi que de plusieurs autres plumes.

Je commencerai par Carthage. En 1886, le Cardinal Lavigerie, à l'occasion de l'établissement de l'adoration perpétuelle dans le diocèse de Carthage publiait une lettre pastorale sur l'histoire du dogme et du culte de la Sainte Eucharistie dans l'ancienne Eglise d'Afrique.

Parmi les précieux documents dont cette savante étude était abondamment nourrie, l'éminent Prélat faisait connaître les principaux symboles eucharistiques fournis par les fouilles alors récentes et réunis dans le musée archéologique dont il était le fondateur.

Mais depuis 1886, ce musée auquel nous avons été heureux, dans un sentiment de filiale reconnaissance, de donner et de faire adopter officiellement le nom bien connu aujourd'hui de *Musée Lavigerie*, s'est considérablement enrichi de pièces convenant au sujet religieux que le Cardinal avait traité d'une façon si magistrale.

Le présent exposé montrera, comme le faisait remarquer avec joie le Cardinal Lavigerie, quelle place d'honneur le Très Saint-Sacrement tenait dans l'esprit et dans le cœur des chrétiens d'Afrique.

Tout d'abord, donnons une place à part à plusieurs instruments liturgiques.

Le premier est un *colum vinarium*, petite passoire d'argent dont le prêtre se servait à la messe au moment de verser le vin dans le calice, afin d'empêcher toute impureté d'y pénétrer.

Le second est un *moule à hosties*, disque de terre cuite, de la dimension d'une grande hostie, avec appendice pour le saisir et l'appliquer. Il porte, comme sujet, le monogramme du Christ sous sa forme *constantinienne*, accosté de l'*alpha* et de l'*oméga*, avec cette inscription rappelant le second verset du second chapitre du Cantique des Cantiques : HIC EST FLOS CAMPI ET LILIVM.

Ce moule à hosties, qui nous a été donné par le Cardinal Lavigerie, provient de Cherchell ou de Tipasa.

Un fond de plat, de terre grise, offre une série de cercles concentriques très serrés, de la grandeur d'une hostie de

0,03 de diamètre. Cinq poissons semblent représenter les fidèles avides de se nourrir de l'Eucharistie.

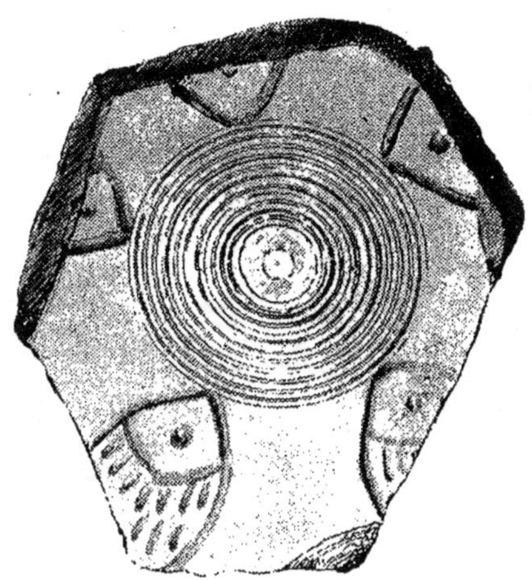

Fond de plat liturgique

Voici maintenant une trouvaille des plus intéressantes. Le 24 mai 1926, j'avais l'agréable surprise de recevoir de la main de M. Charles Saumagne la photographie d'un très curieux moule à hosties qui avait été trouvé entre El-Djem et Sfax, ou plus exactement entre *Henchir-Sbia*, l'antique *Ruspe*, ville épiscopale de saint Fulgence, et *Inchilla*, l'antique *Usula*, autre ville épiscopale. Ce précieux monument avait été recueilli chez les indigènes par le Caïd Hassen Abdul Wahab qui l'a offert au Musée du Bardo.

Grâce à l'amabilité de M. Poinssot, Directeur du Service des Antiquités, le Musée Lavigerie en possède un excellent moulage qui est exposé dans la partie chrétienne de la Salle romaine.

Le dessin que nous en donnons a été exécuté par M. Clément Thouverey.

C'est un moule de grand pain eucharistique. En argile, de forme ronde, il mesure environ 15 centimètres de diamètre.

Au centre, derrière un arbre, se voit un cerf debout, tourné
à droite. En avant du cerf, dans le champ, sous sa tête, un
cep de vigne se dresse droit, chargé de cinq grappes, et à
la partie opposée, au-dessus de l'arrière-train de l'animal

Moule à hosties

symbolique, apparaît une autre grappe à tige pendante.
Chacune des grappes a la forme triangulaire.

Cet ensemble, qui forme une sorte de médaillon central,
est entouré du verset 56° du Chapitre VI° de l'Evangile de
saint Jean. L'inscription, précédée de la Croix, commence
à la hauteur des bois du cerf.

✝ EGO SVM PANIS VIVVS QVI DE CELO DESCENDI

Ces paroles, tombées de la bouche même du divin Sauveur lorsqu'il annonçait le mystère de l'Eucharistie, déterminent, d'une façon indubitable, l'usage liturgique de cet instrument.

Saint Augustin mentionne ce texte dans un de ses sermons prêché à Carthage dans la basilique *Restituta* [1] :

« Quel est le pain du royaume de Dieu ? N'est-ce pas celui qui dit : *Ego sum panis vivus qui de cœlo descendi*, je suis

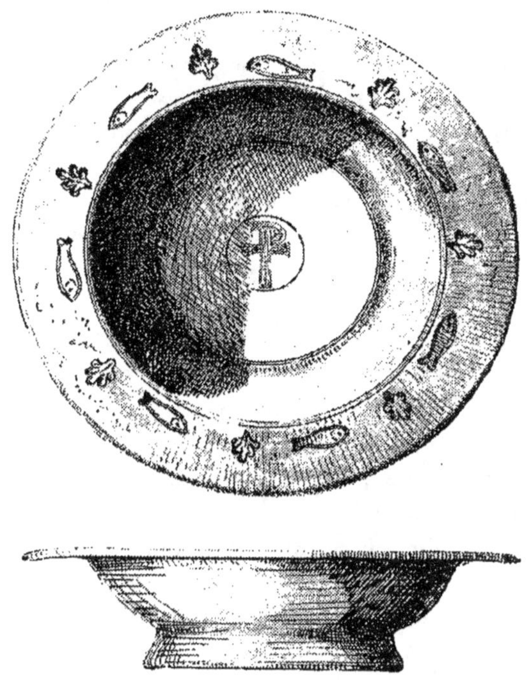

Plat liturgique

le pain vivant descendu du ciel. N'ouvrez pas ici votre bouche, mais votre cœur. C'est en cela que consiste l'excellence de ce festin. Nous croyons en Jésus-Christ et nous le recevons avec foi. Nous savons, en le recevant, quelles doi-

(1) Serm. CXII.

vent être nos pensées. Nous recevons peu en apparence, et notre cœur y puise une nourriture abondante. Ce n'est pas ce que nous voyons, mais ce que nous croyons qui nous nourrit. »

A Carthage même, M. Décheneau, instituteur en retraite, a trouvé dans son jardin, au bas de la colline de Saint-Louis, entre la ligne de tramway et la mer, avec plusieurs lampes chrétiennes, un plat liturgique. De belle terre rouge, de forme ronde, cette sorte de patène mesure 0 m. 21 de diamètre.

Au centre, se voit la croix monogrammatique gemmée et autour, sur le rebord du vase, sept *pisciculi*, petits poissons alternés avec sept *feuilles de vigne*. Chaque petit poisson nage vers une de ces feuilles. Le symbole eucharistique ne peut être plus clair. Les *pisciculi* représentent les fidèles avides de se nourrir du sang de Notre-Seigneur dont le nom se lit dans le monogramme central, et dont la vigne est l'emblême.

Cet intéressant vase liturgique a été offert au Musée Lavigerie, et nous en remercions M. Décheneau.

On voit également dans nos vitrines un fragment de grand plat au fond duquel apparaissent deux poissons, et dans une zone formée de deux cercles une suite de *pisciculi* nageant dans le même sens.

Un autre fragment de plat liturgique, trouvé à Carthage, mérite d'être signalé. La pièce entière devait mesurer environ 0 m. 18 de diamètre. Elle portait la figure de Notre-Seigneur, debout, de face, tenant de la main droite, levée à la hauteur de l'épaule, une longue croix. Il ne subsiste de l'image qu'une partie du visage et l'avant-bras. La tête est ornée du nimbe crucifère, particulier aux représentations du Christ.

Ce plat, sorte de patène, était bordé d'une zone large de 18 millimètres renfermant une suite d'agneaux (béliers) à grosse queue comme les moutons tunisiens, se dirigeant chacun à droite vers une croix comme, sur le plat liturgique décrit plus haut, les *pisciculi* vers la feuille de vigne.

A l'article *Communion*, dans le Dictionnaire d'Archéologie chrétienne, Dom Leclercq donne la description d'une pixide en ivoire qui aurait été trouvée à Carthage et qui est aujourd'hui conservée dans le Musée de Livourne. Le couvercle manque.

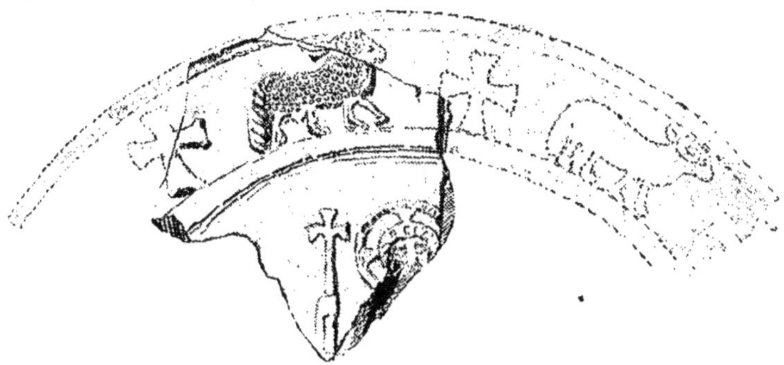
Fragment de plat liturgique

Sur la paroi verticale et circulaire de ce vase liturgique est représentée une scène eucharistique. Au centre apparaît Jésus-Christ assis, ayant à ses pieds deux corbeilles de pains qu'il distribue aux disciples. Ceux-ci les reçoivent dans leurs mains couvertes d'un pan de leur manteau. Les disciples sont au nombre de six. D'autres, des diacres, s'éloignent emportant le précieux dépôt du pain consacré pour le distribuer aux fidèles.

Cette admirable pixide, écrit Dom Leclerq, à l'article *Carthage*, serait du IVᵉ siècle.

On sait que dans les premiers siècles, et cet usage persista assez longtemps [1], les fidèles recevaient la sainte hostie dans leur main droite recouverte d'un voile et portaient eux-mêmes le pain consacré à leur bouche.

Une découverte faite à Carthage, et que nous ignorions, est signalée par Dom Leclerq à l'article *Bassin*. Il s'agit d'un

---

(1) PROSPER DEVAUX. *L'Eucharistie à travers les siècles.* p. 106.

trésor trouvé sur la colline de Saint-Louis et acquis par le *British Museum*.

Or, dans ce trésor, sont plusieurs plats. L'un d'eux, orné de strigiles qui donnent à l'ornementation un aspect flamboyant, porte au centre une inscription circulaire précédée du monogramme X et P accosté de l'alpha et de l'oméga : LOQVERE FELICITER.

Ce bassin était aussi, peut-être, un bassin liturgique.

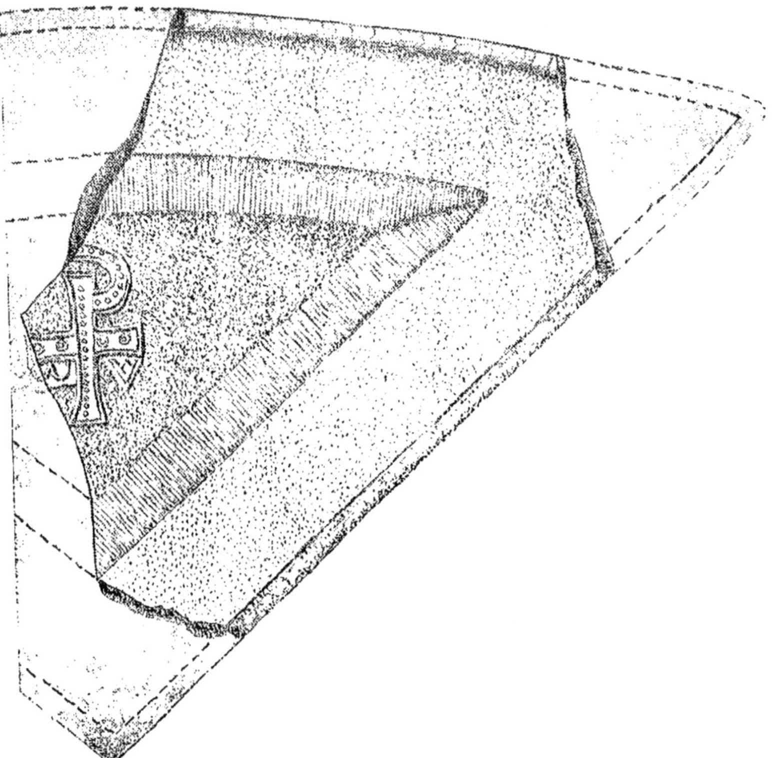

Enfin, au moment où ces lignes sont écrites, un arabe m'apporte un plat liturgique, malheureusement brisé. Il porte, au centre, la croix monogrammatique accostée, sous les bras, des lettres *alpha* et *oméga*. La forme de ce plat paraît avoir été triangulaire et il y a là un symbole assez rare du mystère de la Très Sainte Trinité.

Les Mosaïques

La Tunisie est peut-être la région la plus riche en mosaïques. On peut dire qu'on en trouve partout où les Romains
ont passé. Il n'y a pas d'ancienne ville de la Proconsulaire
et de la Byzacène qui n'en ait fourni aux chercheurs et aux
archéologues. On en découvre encore fréquemment. Souvent la découverte est due au hasard. Beaucoup, apparte-
nant à l'époque chrétienne, offrent des motifs de décor, aux
chaudes couleurs et des plus intéressants.

Dans le présent travail nous mentionnerons un choix des
mosaïques offrant des symboles eucharistiques. Le lecteur
sera sans doute étonné du grand nombre de ces précieux
documents.

Si avant de nous arrêter à Carthage nous parcourons la
Tunisie, nous n'aurons que l'embarras du choix. Citons-en
quelques-unes.

A Sfax, c'est le monogramme du Christ entouré de poissons.

Dans la région de *Lemta*, ce sont des oiseaux se jouant
au milieu de rinceaux de vigne.

A Enfidaville, l'abside de la basilique de *Sidi-Abich*, offre
le calice entre deux paons. En avant de cette abside, dans
le chœur, on a figuré un grand calice avec la *vigne*, des
paons et divers oiseaux ; dans la nef, grand médaillon renfermant l'*Agneau*.

Dans la même propriété à *Henchir-Chigarnia*, l'antique
Upenna, basilique dans laquelle fut trouvée la mosaïque aux
seize noms de martyrs inscrits autour d'une grande croix gemmée accostée de deux agneaux. Cette belle mosaïque se voit
aujourd'hui en avant du chœur, dans l'église d'Enfidaville.

Dans la basilique d'*Upenna* on voyait encore des calices
chargés de pampres et accompagnés de paons, puis des oi-

seaux becquetant des rameaux, la croix accompagnée de colombes, enfin le cerf et la biche se désaltérant aux quatre sources symboliques.

Ces mosaïques ornent d'une façon très heureuse l'église d'Enfidaville.

A *Thala*, on retrouve le calice, la vigne et la croix accostée de l'alpha et de l'oméga.

A l'*Oued-Ramel*, dans la nef d'une basilique, le calice, la croix et grappe de raisin, et au baptistère, la colombe, des palmiers chargés de régimes. le calice entre deux paons, puis le cerf et la biche agenouillés buvant aux quatre sources.

A *Hammam-Lif*, dans un baptistère. c'est la croix, le calice, le poisson, des palmiers.

A *Massicault*, c'est la *colombe* perchée sur la colline sainte d'où jaillissent les quatre sources, c'est le calice dans lequel boivent deux colombes.

A *Utique*, sur la tombe de *Candida*, croix monogrammatique et deux colombes.

Mais rien n'égale *Tabarka* pour la richesse et la variété des symboles eucharistiques figurés sur les mosaïques funéraires. Le calice y apparaît un grand nombre de fois. ainsi que la croix et le monogramme du Christ sous ses différentes formes avec *alpha* et *oméga*.

Parmi les symboles eucharistiques qui reviennent plus souvent, je citerai en particulier le *Poisson*, l'*Agneau*, la *Colombe*, la *Vigne*, l'*Arbre de Vie*.

Il serait trop long d'en donner l'énumération. Mais nous ne pouvons omettre de mentionner une mosaïque d'un intérêt tout particulier. Elle porte l'inscription : ECLESIA MATER.

Elle offre, dans un encadrement de pampres. la coupe intérieure d'une basilique. On aperçoit l'autel avec des cierges allumés et, à travers la nef, des colombes figurant les fidèles qui s'avancent vers la Sainte Table. Cette riche mosaïque recouvrait la tombe d'une chrétienne du nom de *Valentia*.

Nous donnerons maintenant une place plus large à Carthage. Là aussi nous avons la satisfaction de pouvoir relever sur les mosaïques, nombre de symboles eucharistiques.

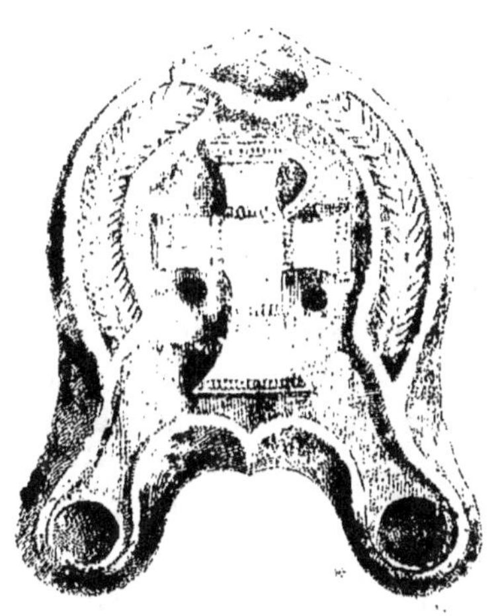

Carthage

Parmi les mosaïques de Carthage offrant des symboles eucharistiques, j'en mentionnerai d'abord une qui se voit dans la salle romaine du Musée Lavigerie. Elle recouvrait une tombe découverte au *Koudiat-Tsalli,* monticule situé au sortir de l'antique Carthage, à gauche sur la route de Tunis, et qui vient d'être traversée par la nouvelle et large route directe de Carthage à Tunis.

Des deux côtés de l'épitaphe inscrite dans une couronne, apparaît d'abord un *grand calice* à anses, puis un *petit calice* sans anses, à pied étroit, accompagné d'une *grappe de raisin* qui ne laisse aucun doute sur le sens des emblêmes, et, détail plus intéressant, on a fait figurer à côté le *chalumeau* qui servait à absorber le précieux sang. Ces symboles, bien eucharistiques, sont complétés par deux colombes.

M. Rohault de Fleury, dans son grand ouvrage *La Messe,* en parlant de l'usage des deux calices pour la célébration et l'administration du divin Sacrement, a signalé notre mosaïque comme un monument d'une importance capitale.

Au même endroit, une mosaïque tombale était ornée de paons dans des rinceaux et de deux colombes accostant une couronne mutilée qui devait renfermer la croix ou le monogramme du Christ. Une autre sépulture voisine de la précédente qui recouvrait les restes d'une chrétienne nommée *Théodora,* portait comme ornement et comme symbole un *calice,* la croix accostée de deux colombes et des oiseaux dans des rinceaux de feuillage.

En 1887, je vis près de *Bordj-Djedid* une mosaïque offrant un calice à anses dont la coupe était marquée d'une croix gammée, c'est-à-dire, composée de quatre *gamma* (Γ). L'orifice semblait montrer des pains.

C'est sur le même plateau que fut trouvée plus tard une mosaïque représentant peut-être un couvent surmonté au centre d'une tour ronde à coupole et flanquée de deux tours à toit pointu surmonté de la croix. Un des compartiments de la mosaïque offrait, dans une couronne radiée, une croix latine, accostée au-dessus de la barre horizontale, de deux colombes affrontées et au-dessous de deux agneaux. Des calices et des palmiers entraient dans la composition. On y voyait aussi le cerf et la biche affrontés.

En 1911, le jour de la Fête-Dieu, me rendant à Sainte-Monique pour la procession du Très Saint Sacrement, je passe par notre chantier de fouilles à la grande basilique de

Mosaïque de Damous-el-Karita

Damous-el-Karita. On y découvre une mosaïque funéraire sur laquelle figurait un grand calice. Cette basilique nous a encore fourni d'autres mosaïques à signaler :

Tombe sur laquelle étaient représentés les trois Hébreux dans la fournaise avec l'inscription : TRES ORANTES PVERI. Au sommet de la dalle figure le monogramme du Christ dans une couronne entre deux colombes. (Musée Lavigerie).

Un fragment d'une autre tombe offre l'*Agneau* à grosse queue, accompagné d'un paon et d'une fleur. (Musée Lavigerie).

La grande abside de cette basilique avait pour pavement une série de vases ou calices disposés symétriquement au milieu de fleurs.

Près de *Damous-el-Karita*, je puis encore mentionner une mosaïque tombale offrant un grand calice d'où émergent des rinceaux de vigne chargés de grappes.

Dans la basilique de sainte Perpétue et de sainte Félicité (*Basilica Majorum*), la crypte centrale ou *confession*, était pavée d'une mosaïque dont il ne subsistait que des amorces. Dans un angle, se voyait un calice. En dehors de la confession, un fragment offrait la figure d'une orante.

Sur une tombe en partie détruite apparaissait encore la colombe tenant une grappe.

Je terminerai cette note sur les mosaïques de Carthage par une découverte des plus intéressantes.

Le 8 octobre 1880, revenant de célébrer la messe à La Marsa, je vis des arabes qui pratiquaient une tranchée pour établir une *noria*. La curiosité archéologique me porta naturellement à me rendre compte, chaque jour, de ce qu'ils pouvaient rencontrer sous leur pioche.

Le terrain s'appelait *Bir-Ftouha*. Il appartenait au Bey Sidi Aly et était loué à un riche Israëlite de La Marsa, M. Césana.

Les ouvriers mirent à nu de la maçonnerie, et je reconnus l'existence d'un baptistère, attribution qui fut confirmée par un vase-bénitier portant la croix entre deux poissons. On trouva aussi un fragment d'inscription qui avait porté le nom de plusieurs martyrs. Ces deux pièces archéologiques me furent gracieusement offertes par M. Césana.

Plus tard, en 1897, la Direction du Service des Antiquités

ayant eu connaissance de la découverte de mosaïques au même endroit, y entreprit des fouilles.

Elle eut la bonne fortune de découvrir un grand pavement décoratif qui devait recouvrir tout le sol d'une basilique. Lorsque je visitai ces fouilles, j'eus l'impression que la basilique devait être de forme circulaire. M. Gauckler n'a pu d'ailleurs dégager qu'une partie, « probablement, dit-il,

Fragment d'inscription de Martyrs

celle du chevet, entourant une grande abside et dessinant un fer à cheval qui prolongeait en son milieu une aire rectangulaire ». Dans la partie déblayée, malgré le mauvais état de la mosaïque, il fut possible de reconnaître une cinquantaine de motifs, la *Croix*, la *Colombe*, des *paons*, le *phénix*, divers autres oiseaux, des arbustes et des corbeilles de fleurs et de fruits.

Mais, parmi tant de motifs, nous éprouvons une vive joie de terminer cette liste, par un sujet que nous pouvons regarder comme le bouquet des symboles eucharistiques de Carthage.

Voici en quels termes M. Gauckler l'a décrit :

« *Calice* sans anses, *rempli de sang*, couronnant le sommet d'un monticule d'où jaillissent les quatre fleuves du Paradis, et où viennent boire le cerf et la biche (agenouillés) qui symbolisent les fidèles, affrontés de part et d'autre du calice central, à l'ombre de palmiers. »

Le cerf et la biche agenouillés

Lorsque je visitai ces fouilles je reconnus trois variantes de cette scène symbolique dont le caractère eucharistique ne peut être ni plus évident ni plus touchant. Mais la continuation des fouilles en fit découvrir jusqu'à huit avec de légères variantes.

On a trouvé ailleurs le rocher aux quatre sources où viennent se désaltérer le cerf et la biche. Mais le rocher est alors surmonté de l'*agneau*, de la *colombe*, du *monogramme du Christ*, de la *croix* ou de Jésus-Christ lui-même figuré debout en personne. Ici, c'est le *calice rempli de sang*.

Il y a des raisons de croire que *Bir-Ftouha* est l'endroit du martyre de saint Cyprien. C'est donc là qu'il convient de placer l'*Ager Sexti*.

N'est-il pas émotionnant de constater que sur le lieu où le grand évêque versa si généreusement son sang, s'éleva une vaste basilique enrichie de mosaïques montrant, plu-sieurs fois répété, un *calice rempli du sang vermeil du divin Agneau immolé par amour pour nous*, calice d'où sortent les quatre fleuves symboliques où viennent s'abreuver cerf et biche agenouillés. Ici, l'emblème eucharistique ne laisse lieu à aucun doute. Nulle part peut-être, en dehors des catacombes de Rome, on ne l'a rencontré aussi clair pour figurer l'*Eucharistie sous l'espèce du vin*.

Vraiment cette basilique de *Bir-Ftouha*, près de laquelle nous avons reconnu, en 1928, l'emplacement d'une chapelle à trois absides dans laquelle nous avons découvert dix sarcophages intacts, renfermant peut-être des reliques de martyrs, mériterait d'être encore explorée afin d'en étudier les moindres vestiges et d'en lever le plan.

Si Mgr l'Archevêque, en annonçant le Congrès Eucharistique international de 1930, a pu dire que Carthage mérite d'être appelée, entre toutes, une *cité eucharistique*, nous pouvons ajouter que la basilique de *Bir-Ftouha* mérite d'être appelée la *Basilique eucharistique*.

Ne serait-ce pas pour rappeler le sang versé par saint Cyprien sur l'emplacement de cette basilique, que l'on y a reproduit jusqu'à huit fois un symbole si expressif du *Précieux Sang*, ce qui était un commentaire sur place, conformément à une parole de Mgr Battifol, interprétant un texte du glorieux évêque de Carthage [1] : « Le sang du Christ dans la communion est aussi objectif que le sang du Martyr » [2].

Saint Augustin, dans un de ses sermons prêché aux fidèles de Carthage, le jour anniversaire du martyre de saint Cyprien, leur disait [3] :

« Dans ce même lieu où saint Cyprien a laissé la dépouille de son corps, une multitude furieuse était accourue pour répandre le sang de Cyprien en haine de Jésus-Christ ; aujourd'hui, une foule pieuse accourt pour honorer la naissance [4]

---

(1) S. Cypr. *Epist.* LVII, 2.
(2) Battifol, *L'Eucharistie*, 6° éd., p. 234.
(3) S. Aug. Serm. CCCX, 2.
(4) Le *dies natalis*, jour anniversaire du martyre et de son entrée au ciel.

de Cyprien, en buvant *le sang de Jésus-Christ. Èt elle boit en ce lieu le sang du Christ* en l'honneur de Cyprien, avec une douceur d'autant plus grande, que Cyprien y a répandu son propre sang avec plus de dévouement pour le nom de Jésus-Christ. »

Pour les symboles du précieux sang, on peut aussi mentionner les mosaïques de la basilique d'Aquilée. IVe siècle. Cf. *L'Eucharistie*, 1930, p. 242.

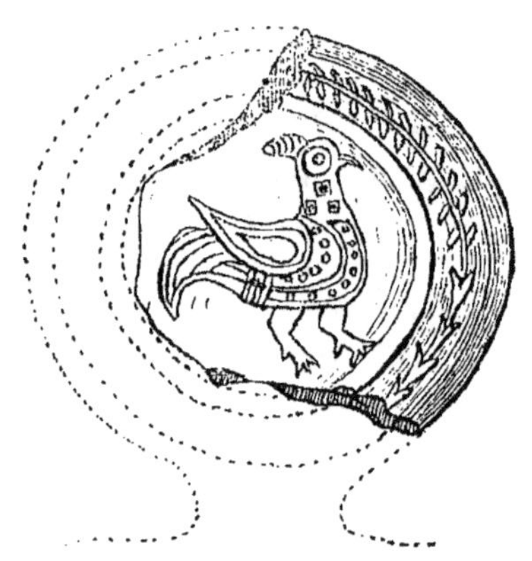

Les Marbres

La découverte de plusieurs basiliques chrétiennes à Carthage a considérablement augmenté, dans les collections du *Musée Lavigerie*, la série des symboles eucharistiques.

Des ruines de la *Basilica Majorum*, qui renferma les corps de sainte Perpétue et de sainte Félicité et dans laquelle saint Augustin prêcha plusieurs fois, nos fouilles ont exhumé des milliers de marbres funéraires. Malgré la rage des destructeurs, qui s'est acharnée sur ces monuments, j'ai pu y reconnaître bon nombre de symboles eucharistiques.

Voici les principaux :
— La grappe de raisin avec épi de blé.
— Des épis disposés en couronne.
— Le calice d'où émerge une croix accostée de deux petits cercles et surmontée d'une colombe.
— D'autres marbres portent aussi des vases (calices) accompagnés de la palme ou de la colombe.

Dans ces diverses représentations, il est facile de reconnaître l'emblème de la divine Eucharistie sous l'une ou l'autre des espèces sacramentelles, le *pain* et le *vin*.

Il en est de même dans une scène où, au premier plan d'un paysage, emblème sans doute du paradis, se voit une fontaine au milieu de laquelle s'élève une vasque en forme de grand calice accompagné d'arbres, de colombes et de brebis.

Non loin de la *Basilica Majorum*, on a trouvé, au mois d'août 1910,, une petite plaque de marbre blanc portant un nom cher à Carthage

PERPETUA

IN PACE

et sur la droite de cette inscription, a été gravée, avec une branche de grenadier, *une jolie grappe de raisin*, symbole eucharistique qui se rencontre d'ailleurs fréquemment sur les dalles funéraires de Carthage. Il serait trop long de citer tous les exemples.

On peut voir dans le *Musée Lavigerie* un curieux document de chancel ou *fenestella*, marbre travaillé à jour et ayant servi de clôture soit à une chapelle, soit à un *ciborium* ou à un tabernacle. Sur le bandeau horizontal séparant deux rangées de baies, hautes, étroites et arrondies au sommet [1], se lit le premier mot d'une inscription : ΙΧΘΥΣ avec cette particularité que l'*iota* initial du mot ΙΗΣΟΥΣ est barré de façon à former la croix :

✝ΧΘΥΣ

Ici nous avons en toutes lettres, avec la croix, le mot grec qui signifie *Poisson* et qui avait pour les chrétiens le sens de *Jésus-Christ, fils de Dieu, Sauveur*.

Cette *fenestella* convenait bien au lieu où demeurait réellement présent dans la Sainte Eucharistie, le divin Poisson

---

[1] Les baies ont 0^m,08 de largeur et 0^m,28 de hauteur. Les lettres de l'inscription ont 0^m,03 de hauteur.

adoré par les fidèles que Tertullien appelle les *pisciculi*, petits poissons, parce qu'ils devaient ressembler à Notre-Seigneur et se montrer ainsi d'autres Christs.

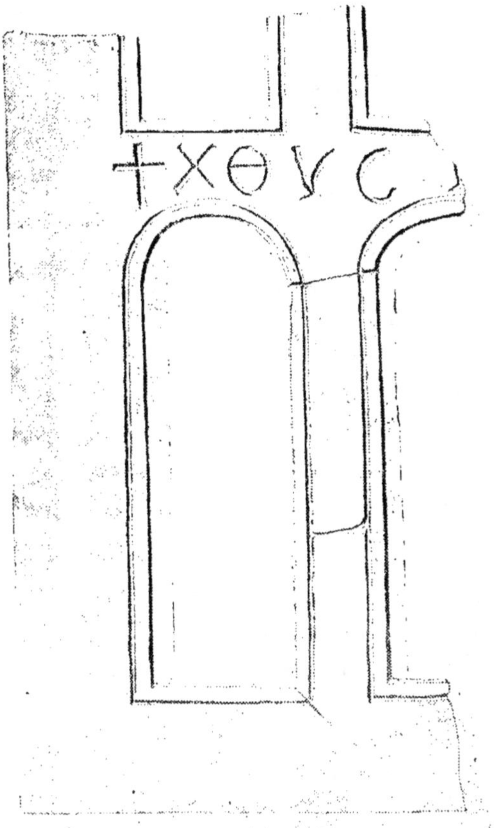

Portion de *fenestella*

Lorsque fut construite, par les Franciscaines Missionnaires de Marie, la chapelle de sainte Monique, on découvrit une dalle de pierre sur laquelle était gravé un calice entre deux colombes, symbole eucharistique bien évident. C'est en ce lieu qu'avait été établie, dès 1886, par S. E. le Cardinal Lavigerie, l'Adoration perpétuelle du Très Saint Sacrement.

Dans sa lettre sur l'histoire du dogme et du culte de la Sainte Eucharistie, écrite à cette occasion, le Cardinal Lavigerie mentionne d'abord comme symbole eucharistique le *Bon Pasteur* que Tertullien signale sur les calices, *pastor quem in calice depingis* (*Lib. de Pudicit. C. x*).

A Carthage, dans les monuments que nous avons découverts, nous le voyons souvent figurer, soit gravé au trait, soit plus fréquemment sculpté en relief sur les dalles funéraires et sur les sarcophages [1]. Nous y remarquons aussi le vase pastoral ou vase à lait *Mulctra* qui rappelle la bouchée de caillé dont parle sainte Perpétue dans sa vision et qu'elle reçoit les mains jointes, ce qui était une manière de faire comprendre qu'elle avait communié. De là vient qu'on a adopté la *Mulctra* comme symbole eucharistique.

Nos marbres de Carthage nous ont fourni aussi le Poisson, symbole dont il sera parlé plus loin.

A ces divers monuments, je suis heureux de pouvoir ajouter quelques autres découvertes.

C'est d'abord l'angle inférieur d'un cube de *Kadel* conservant une partie de deux faces verticales qui semblent bien avoir porté le même décor emblématique. Sur l'une et sur l'autre se voit la grappe de raisin.

La face la moins incomplète portait en relief un triple cercle renfermant un monogramme cruciforme dont on ne peut reconnaître que deux lettres : M à gauche, à l'extrémité de la barre horizontale de la croix, et ω au pied de la branche inférieure.

Du plus grand cercle se détachaient extérieurement des grappes de raisin et des feuilles ayant la forme de cœur. Deux de ces feuilles se rejoignant symétriquement par la pointe juste au-dessous de l'ω, indiquent le milieu de cette

---

[1] Sur une tablette de marbre, le Bon Pasteur est gravé rudimentairement, mais d'une façon artistique et de main de maître. Le musée d'Alger possède un bas-relief du Bon Pasteur provenant de Carthage

décoration symbolique. Leur point de jonction permet d'établir que le monument devait mesurer 0 m. 38 de largeur. Si l'on en juge par la place qu'occupe la lettre M, la hauteur devait être à peu près égale à la largeur.

Nous avons là une sorte de chapiteau ou de base dont les quatre faces portaient sans doute le même décor, et n'offraient de différence que dans les monogrammes.

Je ne serais pas étonné que ce monument byzantin, avec ses symboles eucharistiques, ait appartenu à un *ciborium*.

L'artiste qui a sculpté le maître-autel de la Primatiale de Carthage, s'est inspiré de ce précieux motif pour décorer un des principaux panneaux de ce beau monument dont la plupart des marbres proviennent des carrières de Tunisie.

Voici encore un symbole eucharistique : Il se voit sur un débris d'une plaque de pierre, épais de 0 m. 025, haut de 0 m. 055, large de 0 m. 20, ce fragment provient d'un carreau entouré d'un bandeau et renfermant comme sculpture une *vasque* à laquelle venaient se désaltérer deux cerfs ou peut-être un cerf et une biche. Il ne reste plus, sur la tranche découverte, que le sommet de la vasque au centre de laquelle sort et retombe un double et large jet d'eau, puis la tête du cerf avec une partie du cou.

Si, comme il est probable, la vasque occupait le centre du sujet, le carreau entier devait mesurer 0 m. 31 de côté.

En dehors de Carthage, je ne citerai que quelques exemples de symboles eucharistiques gravés ou sculptés soit sur la pierre soit sur le marbre.

A *Sidi-Abich*, près d'Enfidaville, on a découvert une basilique dont les chapiteaux étaient ornés d'un calice en relief.

Dans la même région, à Herglah, l'ancienne ville épiscopale *Horrea Cœlia*, je me souviens d'avoir vu, il y a environ un demi-siècle, une pierre sculptée portant un calice accosté de deux paons. Du calice sortait une double tige dont les feuilles et les fruits sont becquetés par des colombes. La pierre était encastrée, la tête en bas, dans le mur d'une maison arabe. Il y est peut-être encore.

La même représentation symbolique apparaît à *Henchir-Kouki* [1] sur une pierre offrant deux paons qui boivent dans un calice d'où sortent des pampres.

On pourrait multiplier ces exemples.

Le dimanche 6 avril 1913, me trouvant à *Mraïssa*, l'antique *Carpi*, à l'occasion de la bénédiction de l'église, je rencontrai un colon qui me dit avoir découvert dans sa propriété au Cap Bon, une pierre taillée en forme de pyramide tronquée. La face porte le monogramme du Christ dont les lignes se détachent d'un Poisson. C'est bien l'ΙΧΘΥΣ eucharistique. Le monogramme donne le nom de Jésus-Christ et le Poisson ajoute à ce nom, le titre de Fils de Dieu et de Sauveur.

(1) CAGNAT. *Exploration*, 3ᵉ fasc., p. 28.

Les Lampes

Il n'y a peut-être pas, parmi les anciennes cités du monde romain, un lieu où l'on ait trouvé autant de lampes chrétiennes qu'à Carthage.

La collection du Musée Lavigerie est assurément une des plus riches qui existe, sinon pour le nombre, du moins pour la variété des motifs.

Parmi les lampes chrétiennes publiées dans le *Dictionnaires d'Archéologie chrétienne* de Dom Cabrol et de Dom Leclerq (fasc. LXXXIV), près de cent figures reproduisent des spécimens de Carthage.

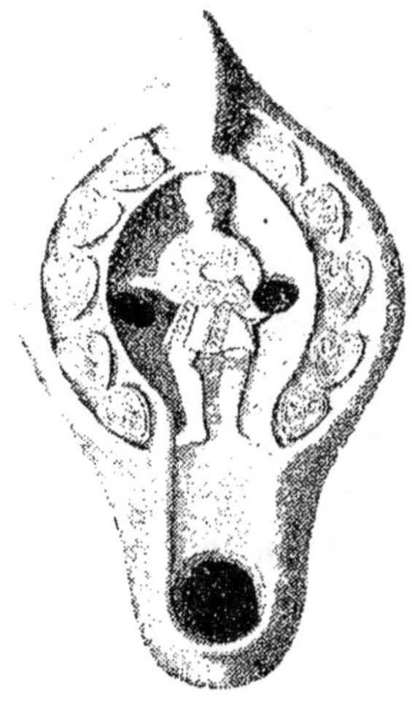

Abel

Tandis que des centaines de lampes sont sorties du même moule, nous en avons trouvé dont le sujet est fort rare, et parfois unique.

Je ne crois pas que l'on puisse trouver ailleurs un ensemble aussi considérable de sujets différents, se rapportant à des personnages ou à des scènes de l'Ancien Testament, et comme symboles chers aux fidèles dans les premiers siècles de l'Eglise.

Pour l'Ancien Testament nous y voyons représentés : *Eve, Abel*, le *Sacrifice d'Isaac*, représentant le divin Sauveur immolé par son Père pour la rédemption du monde, sujet très populaire chez les premiers chrétiens; miracle rappelé chaque jour avec celui d'Abel au saint sacrifice de la Messe, *sicuti accepta habere dignatus es, munera pueri tui justi Abel, et sacrificium patriarchæ nostri Abrahæ.*

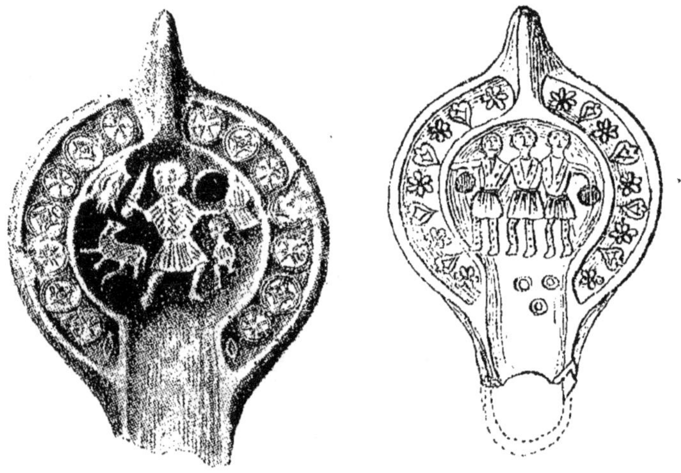

Les trois adultes qui apparurent à Abraham.

Le patriarche Joseph, au visage barbu, un boisseau sur la tête, comme on le voit représenté à Ravenne, ce qui rappelle l'abondance que procura Joseph aux Egyptiens. A première vue, on pourrait prendre cette figure pour Jupiter Sérapis. Mais Tertullien dit que Joseph, après sa mort, fut mis par les Egyptiens au rang des dieux et même que Sérapis n'était autre que Joseph qui avait sauvé le pays de la famine.

Si cette lampe portait Jupiter ce serait un des très rares

exemples de sujet païen dans notre collection de lampes chrétiennes.

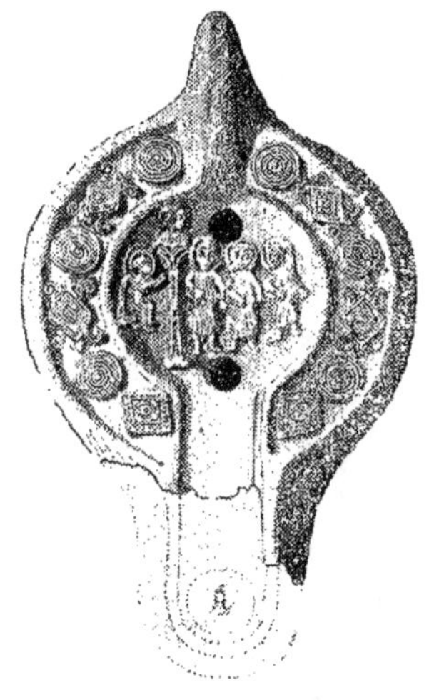 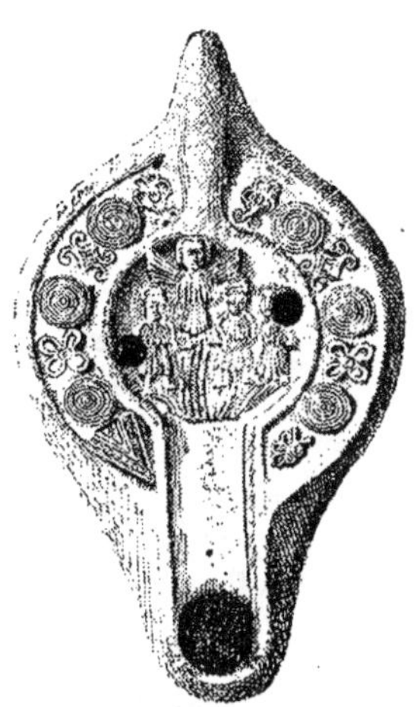

Les trois jeunes hébreux, Sidrach, Misach et Abdenago devant la statue de Nabuchodonosor et sommés de l'adorer.

Les mêmes dans la fournaise et l'Ange qui écarte les flammes.

Daniel entre les lions et le prophète Habacuc qui transporté miraculeusement de Judée à Babylone, lui apporte le pain, symbole de l'Eucharistie.

Les deux Hébreux, explorateurs de Chanaan, rapportant l'énorme grappe de raisin de la Terre promise.

La grappe de raisin suspendue à un levier de bois, figure Notre Seigneur suspendu à la Croix et est en même temps un symbole eucharistique.

J'ai lu dans une note de Mgr Toulotte que, pour saint Augustin, celui qui marche en avant et ne peut voir la grappe *symbole du Messie,* représente le Judaïsme, tandis que l'autre qui marche en arrière et voit la grappe, représente la gentilité.

Sur une de nos lampes, un petit animal apparaît sous la grappe de raisin et mord presque dedans, pour bien marquer le sens eucharistique et figurer le fidèle avide de s'approcher du Sacrement en buvant le sang du Rédempteur.

Le prophète Jonas rejeté par le monstre marin.

Cette représentation symbolisait Notre-Seigneur sortant du tombeau comme il l'avait prédit.

« Jonas, écrit l'abbé Martigny, a toujours été regardé comme une des figures les plus frappantes de Jésus-Christ »[1].

Une lampe de Carthage, donnée au Musée du Louvre, représente Jonas sur la plage à l'ombre d'un arbuste. Elle a été publiée avec le titre : *Jonas sous la treille* (Bulletin des Musées, n° 8, p. 291).

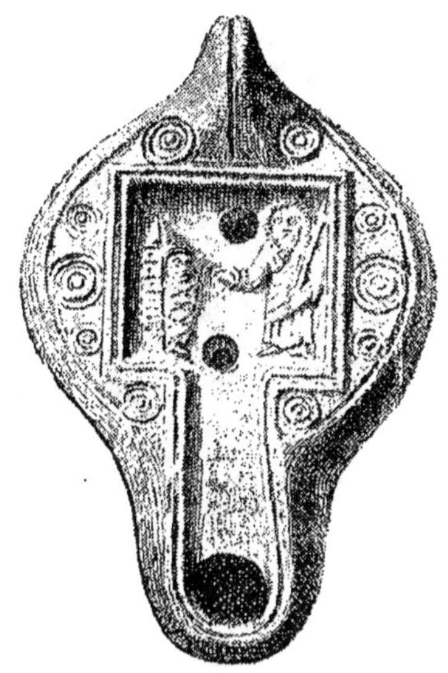

Jésus ressuscitant Lazare

Pour le Nouveau Testament, nous pouvons mentionner la scène de la résurrection de Lazare et aussi l'Ange de l'Apocalypse. Une de nos lampes représente peut-être la Transfiguration de Notre-Seigneur [2] et une autre saint Menas, le grand patron d'Alexandrie. Deux chameaux sont prosternés à ses pieds.

Peut-être faut-il ajouter aussi saint Abdon.

[1] C'est la lecture du *livre de Jonas* qui mit fin aux hésitations de saint Cyprien et consomma sa conversion. THIBAUT. *Histoire et Œuvres complètes*, T. I, p. 6.

[2] *Bull. des Antiquaires de France*, 1889, p. 245.

Beaucoup de symboles peuvent être interprétés différem-
ment selon qu'ils sont pris en bonne ou mauvaise part.
Saint Augustin nous le déclare lui-même formellement.

Saint Ménas

Après avoir dit dans son commentaire du psaume VIII :
« Voyez dans les *oiseaux* du ciel, les orgueilleux... Regardez
aussi les *poissons* comme ceux que dévore la curiosité », il
ajoute :

Ce n'est pas que ces mots *pecora campi, volucres cœli,
pisces maris*, etc... ne puissent être interprétés que de cette
seule manière, mais il faut les expliquer selon l'endroit où
ils se trouvent employés [1].

Je dois dire que sur les lampes chrétiennes de Carthage,
les figures symboliques sont ordinairement placées de façon
à être prises en bonne part.

---

[1] Cf. *Œuvres complètes de saint Augustin*. Ed. Vivès, T. XI, p. 678-677.

Un certain nombre de sujets figurés sur nos lampes paraissent étranges. Nous n'en saisissons pas le sens. Il est possible que l'artisan ait suivi sa fantaisie, mais il est possible aussi que pour lui et les chrétiens de son temps ces sujets aient eu leur signification symbolique. Nous ne devons donc pas nous étonner de voir sur nos lampes des animaux tels que sanglier, tigre, panthère, léopard, etc...

On peut consulter à ce propos l'*Iconographie emblématique de Jésus-Christ*, publiée dans la revue *Regnabit* par M. L. Charbonneau-Lassay.

Nous connaissons d'ailleurs par l'épigraphie une série de symboles du Christ qui ne laisse lieu à aucun doute. La voici d'après une inscription attribuée au pape saint Damasc : *Virga, columba, manus, petra filius Emmanuelque Vinea, pastor, ovis, pax, radix, vitis, oliva,*

Fons, agnus, panis, aries, vitulus, leo, Jesus,

Verbum, homo, rete, lapis, tectum, domus, OMNIA CHRISTUS [1].

Quand nous rencontrons sur nos lampes un des symboles mentionné dans cette liste, nous pouvons être sûrs de ne pas nous égarer en donnant des interprétations plus ou moins plausibles.

Mais si telle figure représente Notre-Seigneur, il ne sera pas toujours facile de déterminer le sens eucharistique. A côté de symboles certains ou communément admis, il y en a que nous ne donnerons qu'avec réserve. On jugera par les dessins qui accompagnent notre travail, le plus ou moins de fondement qu'offre l'attribution que nous ferons.

Mais il est un fait qui me paraît important de signaler.

Après avoir vu, depuis plus d'un demi-siècle, passer sous mes yeux et dans mes mains des milliers de lampes chrétiennes — le plus souvent brisées, il est vrai — mon impression est que tout symbole figurant Jésus-Christ, figure aussi le fidèle, lorsqu'il occupe une place secondaire. Cela est

____

[1] Histoire des recueils d'inscriptions. VI. Sillope de Cambridge. *Dict. d'Arch. chrétienne*, fascicule LXX-LXXI, col. 870.

conforme au mot si souvent employé par les auteurs ascéti-
ques et *attribué* à saint Grégoire de Nysse, *Christianus alter
Christus*. Je dis *attribué* parce qu'on chercherait en vain ces
trois mots dans les savants ouvrages du grand évêque, mais
cette maxime, *Christianus alter Christus* résume excellem-
ment, et de la façon la plus succincte, la pensée qu'il exprime dans son traité : *De perfectione seu de perfectâ chris-
tiani formâ* [1].

Voici les termes de saint Grégoire de Nysse : *Veri chris-
tiani formam exprimunt illa omnia quæ de Christo comme-
moravimus.*

« Tout ce que nous avons dit du Christ exprime la forme
du vrai chrétien, c'est-à-dire ce que doit être le vrai chrétien. »

Sur nos lampes, le même motif peut donc représenter tantôt Notre-Seigneur et tantôt le fidèle, selon que ce motif
occupe la place principale, la place d'honneur, ou qu'il
occupe une place secondaire.

Il en sera ainsi du *Poisson*, de l'*Agneau*, de la *Colombe*,
du *Lion*, du *Palmier*, du *Cèdre*, de l'*Olivier*, de la *Vigne*,
de la *Croix*, des divers *Monogrammes du Christ*, et même
du *Cœur*.

Saint Augustin ne dit-il pas, dans les leçons que nous
lisons chaque année durant le temps pascal, que Notre-
Seigneur est figuré non seulement par la *Vigne*, à laquelle
il se compare, mais encore par la *Brebis*, par l'*Agneau*, par
le *Lion*.

Ce qu'est le cep à la Vigne, les *pisciculi* le sont au grand
Poisson, à l'IXΘYC, — la brebis, l'agneau au Bélier, — le
lionceau, au Lion, — la petite croix, le petit monogramme
du Christ, à la Croix principale, au grand Monogramme, etc..., etc...

Une fois admis que le même motif peut représenter Notre-
Seigneur et le fidèle, lorsque nous le verrons occuper une

---

[1] *Patr. gr.* T. XXV, col. 226.

place secondaire, nous pourrons croire que le sujet principal, le sujet central se rapporte à Notre-Seigneur, même si
le sens symbolique ne s'impose pas, car souvent nous igno-
rons quelle était la manière de penser, de voir les choses, à
l'époque où ces objets d'usage domestique ont été fabriqués.

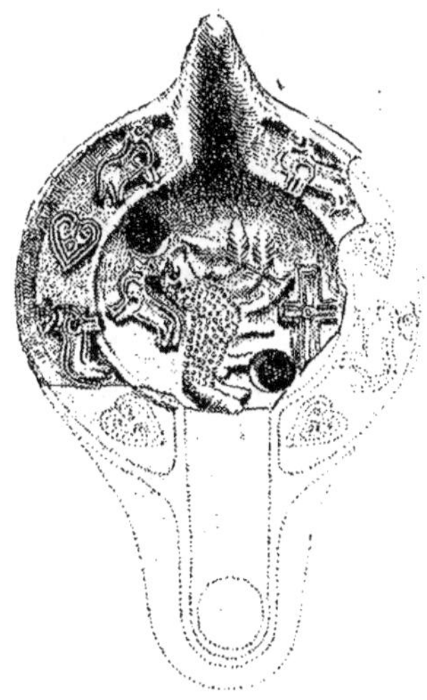

Voici, par exemple, une lampe, malheureusement brisée,
mais qu'il est facile de reconstituer, sur laquelle on voit le
Bélier, symbole de Notre-Seigneur, entouré de la *Croix*, de
la *feuille de vigne*, de *brebis* et de *cœurs*. On dirait que le
chrétien qui a choisi ces motifs, a voulu y faire figurer plusieurs des divers emblèmes qui représentent tantôt le Christ,
tantôt le fidèle.

Ici, autour de Notre-Seigneur, figuré par l'Agneau, chacun des motifs secondaires, *Croix*, *feuilles de vigne*, *brebis*,
cœur, symboles des fidèles, se retrouveront sur d'autres lampes comme sujet principal et alors se rapporteront comme
emblème à Jésus-Christ.

Il ne faut pas omettre de dire que la lampe chrétienne
figure elle-même Notre-Seigneur. Saint Jean n'a-t-il pas dit

dans son Évangile [1] que Jésus était la *vraie lumière, Erat lux vera*. Et Jésus n'a-t-il pas déclaré de lui-même qu'il est la *Lumière du Monde, Ego sum lux mundi. Lux sum mundi* [2].

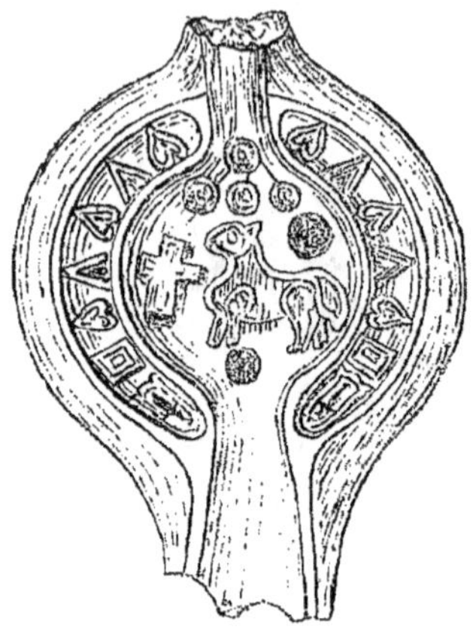

L'Agneau et la Croix

Si donc nous rencontrons une lampe chrétienne sans sujet central, ou portant un décor complètement indifférent, sans explications plausible, mais ornée de motifs connus tels que les poissons, les colombes, les agneaux, les pampres, etc..., nous pouvons conclure, dans ce cas, que la lampe elle-même représente Notre-Seigneur.

Il en sera également ainsi quand le sujet central ne pourra s'appliquer comme symbole qu'au fidèle.

Nous voyons, dans un document du IIIe siècle, la lampe signalée à Carthage, comme emblème de Notre-Seigneur.

En 259, dans une lettre écrite de leur prison à la communauté de Carthage, par les disciples de saint Cyprien, les martyrs *Montanus, Lucius, Flavianus, Julianus, Victoricus, Primolus, Renus* et *Donatianus*, nous lisons :

(1) I. 9.
(2) VIII, 12. — IX, 5.

« *Renus* eut un songe pendant son sommeil. Il vit des hommes conduits au supplice. Ils s'avançaient un à un. Devant chacun d'eux, était portée une LAMPE; les autres, ceux que ne précédaient pas leur lampe, restaient en route. *Renus* nous vit défiler tous avec nos lampes. A ce moment, il s'éveilla. Quand il nous raconta la chose, nous fûmes dans l'allégresse, sûrs de cheminer avec le *Christ, qui est « la lampe éclairant nos pas » et le « Verbe de Dieu »* [1].

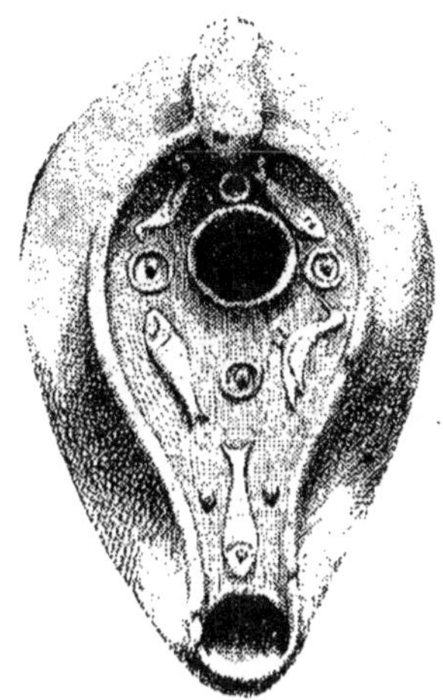

Poissons et Colombes

Mais pour reconnaître un symbole eucharistique, il faudra tenir compte des motifs dont le sujet principal est accompagné. Il y aurait aussi à consulter les écrivains de l'Afrique chrétienne, mais je dois avouer qu'il m'a été impossible d'entreprendre une telle enquête.

Je me bornerai donc à donner la description des principaux sujets en l'accompagnant d'une reproduction fidèle.

Je n'ai d'ailleurs d'autre dessein que de mettre sous les yeux du lecteur les monuments découverts, laissant à chacun le soin d'en apprécier la valeur.

[1] PAUL MONCEAUX *La vraie Légende dorée*, p. 228.

Beaucoup de sujets, on le constatera, parlent d'eux-mêmes.

Ces représentations et ces symboles étaient pour les chrétiens du temps des leçons de la foi, comme furent plus tard les curieuses sculptures du porche des Cathédrales gothiques, un catéchisme en images selon l'expression du Cardinal Perraud, visitant le Musée Lavigerie.

Pour être plus complet, il y aurait encore à passer en revue les disques servant verticalement de poignées à certaines lampes, ordinairement de fabrication plus soignée, souvent munies de deux becs. On y retrouve les mêmes symboles que sur la partie supérieure des lampes plus simples.

Il y aurait aussi à passer en revue les plats de belle terre rouge d'époque chrétienne.

Enfin, un examen des grandes collections de lampes, comme celles du Musée du Bardo, celui des collections particulières, permettrait peut-être de découvrir quelques sujets particuliers. J'ai passé en revue la riche collection faite par le Docteur Carton. Mais il est fort rare de trouver quelque motif particulier et inédit.

Le Poisson

Un des principaux symboles de l'Eucharistie, le plus connu, le plus répandu parmi les fidèles dès l'origine de l'Eglise, fut le *Poisson*.

On sait que le mot grec ΙΧΘΥΣ avait pour les premiers chrétiens un sens particulier, car les cinq lettres dont il se compose leur rappelaient la doctrine de l'Evangile. L'image et le nom ΙΧΘΥΣ permettaient aux initiés de se reconnaître entre eux.

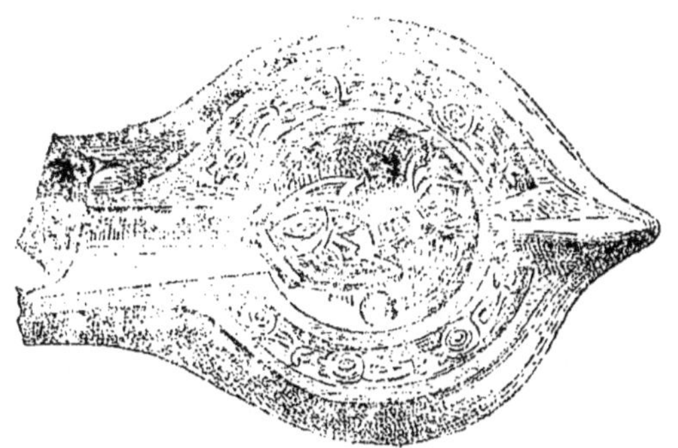

Le Poisson entouré de *pisciculi*

Saint Augustin, dans sa *Cité de Dieu*, s'exprime ainsi :

« Des cinq mots grecs ΙΗΣΟΥΣ ΧΡΙΣΤΟΣ ΘΕΟΥ ΥΙΟΣ ΣΩΤΗΡ qui signifient *Jésus-Christ, fils de Dieu, Sauveur*, si vous réunissez ensemble les premières lettres de chaque mot vous aurez ΙΧΘΥΣ Poisson, qui désigne mystiquement le nom du *Christ.*

Cette interprétation est aussi donnée par saint Optat, évêque de Milève (*lib. 3, adr. Parm.*)

Une fois trouvée cette anagramme, les fidèles s'empressèrent de s'en servir comme moyen de se reconnaître entre eux, et d'en faire le symbole de l'Eucharistie.

Aussi l'image du Poisson prit aussitôt une grande importance dans la littérature chrétienne pour signifier l'aliment eucharistique, nourriture sacrée réservée aux seuls fidèles.

« Rien n'étant plus mystérieux et plus surhumain, écrit Dom Guéranger [1], que cette nutrition que le Chrit avait

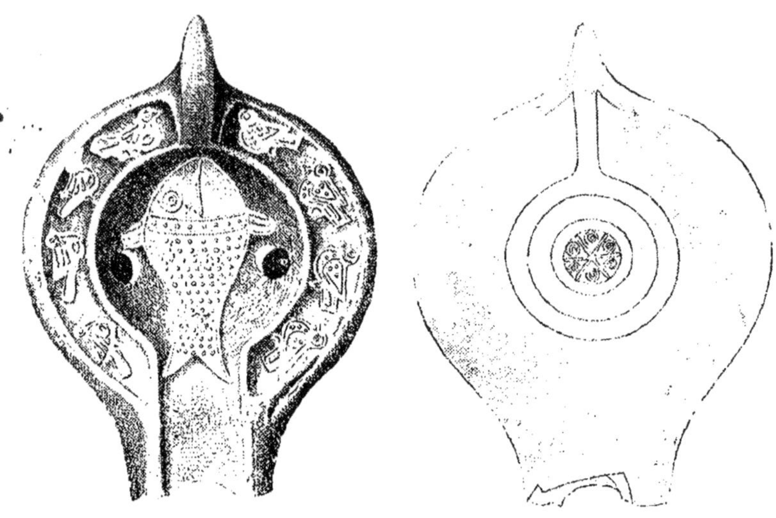

Le Poisson entouré de colombes

annoncée, lorsqu'il disait : « Ma chair est véritablement une nourriture et mon sang véritablement un breuvage » la représentation d'un tel mystère sur les peintures chrétiennes devait être l'arcane par excellence. Dès l'origine, les fidèles, pour l'exprimer, eurent recours à l'anagramme IXΘYΣ qui renfermait tout et ne trahissait rien aux yeux des profanes.

Cette anagramme, composée de chacune des premières lettres d'une formule exprimant le dogme de la foi, donnait

[1] *Sainte Cécile et la Société romaine*, p. 231.

un mot significatif en rapport avec le mystère et représentait les figures bibliques qui l'avaient annoncé. »

Pour les auteurs africains, Tertullien, saint Cyprien, saint
Augustin, saint Optat, le Poisson IXΘΥΣ *figure l'Eucharistie.*

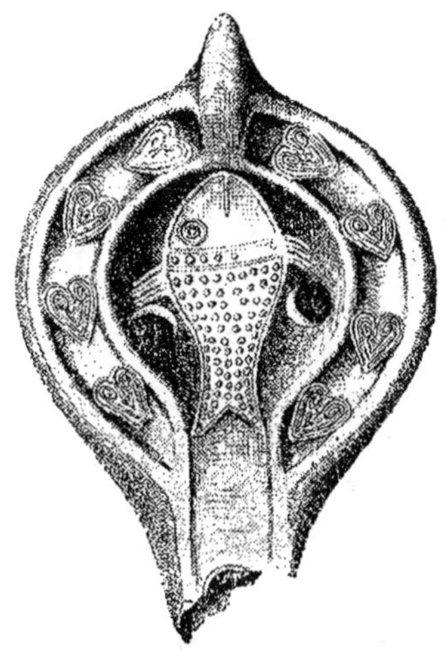

Le Poisson entouré de cœurs

Un auteur africain du Ve siècle appelle Notre Seigneur le
Grand Poisson. Il est aussi appelé le *Poisson des vivants*
IXΘΥΣ ΖΩΝΤΩΝ.

Manger le Poisson signifiait pour les premiers fidèles,
aussi bien en Orient et en Gaule qu'à Rome, se nourrir de
la chair de Jésus-Christ, fils de Dieu, Sauveur.

Dans la fameuse inscription d'*Abercius* d'Hiéropolis en
Phrygie, datant de l'an 216, Notre-Seigneur est désigné sous
la dénomination du Poisson. Parlant sans doute de l'Eglise
et faisant allusion à la Sainte Eucharistie, à la Communion,
Abercius s'exprime ainsi :

« Partout elle m'a servi en nourriture un poisson de sour-
ce, très grand, très pur, pêché par une Verge sainte. Elle

le donnait sans cesse à manger aux amis; elle possède un vin délicieux qu'elle donne avec le pain. »

Dans la célèbre inscription de *Pectorius* d'Autum, les fidèles sont appelés « *race céleste du Poisson divin* » et il y est dit : « Reçois ce mets, doux comme le miel, du Sauveur des Saints, mange avec délices, tenant le Poisson dans tes mains. Rassasie-toi avec le Poisson ».

Et *Pectorius*, s'adressant à son père *Ascandius*, le bien-aimé de son cœur, ajoute : « Dans la paix du Poisson, souviens-toi de *Pectorius* ».

Si nous étudions ces deux textes chrétiens, nous voyons que le Poisson pêché par la Sainte-Vierge, c'est Jésus-Hostie, fils de Marie.

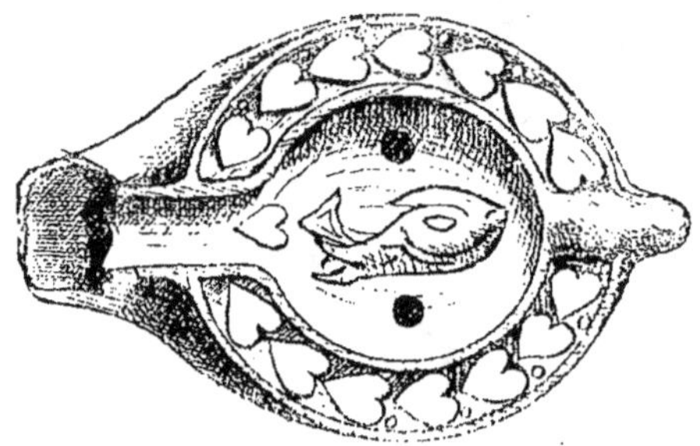

Le Poisson entouré de cœurs

Il en est de même du Poisson reçu dans les mains et mangé avec délices dont le fidèle se rassasie. Telle était la coutume aux premiers siècles. Les fidèles qui communiaient, recevaient l'hostie consacrée dans la main droite croisée sur la gauche, puis le portaient à leur bouche. Les femmes la recevaient sur un linge blanc. Sainte Perpétue, dans l'une de ses visions avant son martyre, fait allusion à cet usage. *Accepi junctis manibus.*

La paix du Poisson, qui termine l'inscription de *Pectorius*, correspond à la paix du Christ, *in pace Christi*, que nous lisons sur des épitaphes de Carthage avec le mot Christ en monogramme.

L'une et l'autre de ces deux formules, dans lesquelles le Poisson symbolise Notre-Seigneur, datent de la fin du II⁰ siècle ou du commencement du III⁰.

Lorsque les fidèles des premiers siècles voyaient le Poisson, peint ou gravé sur les monuments chrétiens, leur pensée se portait vers Notre-Seigneur, comme de nos jours la vue d'une image montrant un calice surmonté d'une hostie, porte les âmes pieuses à songer à l'Hôte de nos Tabernacles.

Nous trouvons d'ailleurs à Carthage le Calice surmonté du Poisson ou accompagné de *pisciculi*, petits poissons figurant les fidèles. Nous trouvons aussi le Calice surmonté du Poisson.

Les fidèles, vivant au milieu des païens, au temps des persécutions, se reconnaissaient entre eux comme frères et professant la même foi au Christ, par le mot ΙΧΘΥΣ ou par le signe, la figure du Poisson.

Saint Clément d'Alexandrie [1], qui était né au sein du paganisme vers l'an 150, converti et devenu prêtre, dans son livre le *Pédagogue*, écrit aux environs de 190, recommandait aux chrétiens de faire graver le Poisson sur leurs sceaux.

C'est peut-être à l'époque où il vivait (fin du II⁰ siècle) qu'appartient un chaton de bague trouvé à Carthage, petite pierre noire de forme ovale montrant le Poisson et le mot ΙΧΘΥΣ et ayant servi de sceau. On peut voir cette pièce intéressante et son empreinte dans une des vitrines du Musée Lavigerie.

[1] Cf. *Les Pères de l'Église*, par BARDENHEWER, Paris, 1905, T. I, p. 247-252.

Nous avons également trouvé à Carthage un petit poisson en ivoire sur lequel sont gravées les deux lettres I et X, initiales des mots ΙΗΣΟΥΣ ΧΡΙΣΤΟΣ Jésus-Christ.

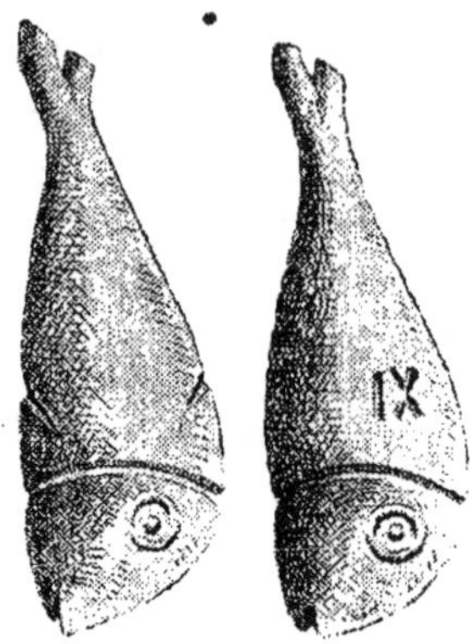

Le Poisson n'apparaît qu'une ou deux fois sur les marbres de Carthage.

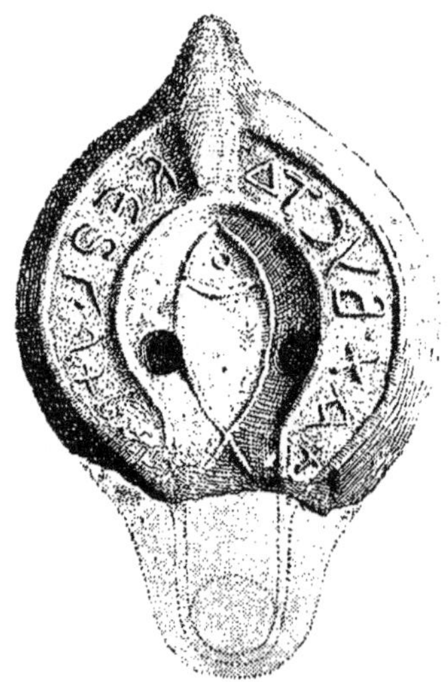

D'après M. de Rossi, l'emploi de la figure du Poisson comme symbole appartient aux premiers siècles du christianisme et disparaît à peu près complètement à partir de Constantin (Martigny, Dict., p. 659).

A Carthage, le Poisson continua à figurer dans l'art chrétien jusqu'à l'époque byzantine inclusivement. On pourrait en citer des exemples dans le pavement des basiliques, en dehors des nombreuses scènes de pêche dont la Tunisie est si riche.

Mais ce sont les lampes de Carthage qui nous offrent le plus d'exemples du Poisson, comme sujet emblématique, et comme symbole eucharistique.

Le Poisson apparaît entouré de *pisciculi* [1], ou encore avec les *pisciculi* accompagné de colombes, de feuilles de vigne, de grappes de raisin, de croix, de palmes, de cœurs, etc...

Sur d'autres lampes, le Poisson est représenté sur le Calice et, dans ce cas, le symbole eucharistique ne peut être plus évident.

On en jugera par les gravures qui ornent notre travail.

Mais le Poisson ne figure pas seulement le Christ, il symbolise aussi les fidèles dont l'Eucharistie est l'aliment divin.

---

(1) Une lampe trouvée à Malte et dont la photographie nous a été envoyée, par M. l'Abbé Psaïla, offre aussi l'*Ichtus* entouré de *pisciculi*.

Les Pisciculi

Le Poisson, tel que nous le voyons sur les monuments des premiers siècles, comme sur nos lampes de Carthage, ne signifie pas toujours le Christ, souvent c'est le fidèle qu'il représente. Rappelons-nous l'adage connu qui résume si bien, en *trois mots,* une phrase de saint Grégoire de Nysse (+ 396) : *Christianus alter Christus.*

Tertullien, dans son traité du *Baptême,* par comparaison avec Notre-Seigneur, désigne les fidèles sous le gracieux diminutif de petits poissons : *Nos* PISCICULI *secundum* ΙΧΘΥΝ *nostrum Jesum-Christum.*

Sous le nom d'ΙΧΘΥΣ, comme le dit le R. P. Scaglia, dans son *Manuel d'Archéologie chrétienne* (p. 261), on entendait la nourriture mystique de l'Eucharistie. Par conséquent, les *pisciculi* représentent les fidèles qui usaient de cet aliment divin.

Saint Clément d'Alexandrie, après avoir donné à Notre-Seigneur le titre de *Pêcheur d'hommes,* appelle les fidèles des *poissons chastes.*

Saint Jérôme, parlant d'un certain *Bonosus* qui avait embrassé la vie érémitique, l'appelle *fils du Poisson* et par conséquent *poisson* lui-même [1].

C'est ce qui a fait dire à Dom Guéranger, Abbé de Solesme :

« Qu'est, en effet, le fidèle, sinon un poisson ? Le Christ n'a-t-il pas dit à ses apôtres : « Je vous ferai pêcheurs d'hommes » ? Et saint Ambroise, ne dit-il pas : *Pisces enim sunt qui hanc enavigant vitam.*

Ecoutons aussi saint Grégoire de Naziance : « Les hom-

---

[1] Cf. MARTIGNY. *Dict. des Arch. chr.,* p. 657.

mes nagent dans les eaux amères, au milieu des flots agités et des tempêtes de cette triste vie. » (*Orat.* 31).

Sur nos lampes on voit le grand Poisson, symbolisant Jésus-Christ, occuper la place principale, la place d'honneur, au milieu du disque supérieur et entouré de *pisciculi.*

Sur d'autres lampes, deux colombes viennent en tête de la double série de petits poissons formant couronne autour du divin Poisson.

La signification de la Colombe dans ce cas ne laisse lieu à aucun doute. Elle est la même que celle des *pisciculi,* avec cette différence que les petits poissons figurent les simples fidèles nés dans les eaux du baptême *quibus aqua baptismatis sufficit* (Tert. *de Resurr.* C. 52), tandis que les colombes, par leur faculté de voler, représentent les martyrs.

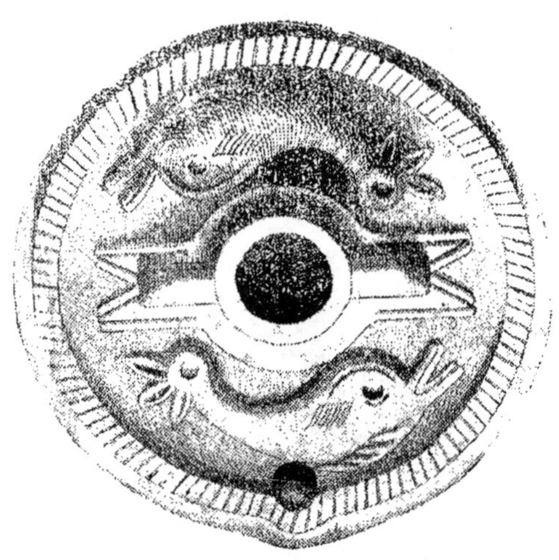

Lampe chrétienne de forme particulière

Disons, en passant, qu'on a trouvé à Carthage deux vases ayant servi à baptiser et portant l'un le grand Poisson, l'autre deux *pisciculi.* On peut voir ces deux bénitiers dans la première vitrine à droite, à l'entrée du vestibule du Musée Lavigerie.

Dans un grand nombre de nos lampes, les *pisciculi* accompagnent non plus le grand Poisson, mais l'une ou l'autre figure se rapportant à Notre-Seigneur, avec des motifs qui révèlent un sens eucharistique.

C'est ainsi que nous voyons les *pisciculi* entourer ou accompagner la *Colombe*, l'*Agneau*, le *Phénix*, le *Pêcheur*, le *Chasseur*, la Croix et le monogramme du Christ sous toutes ses formes. Monogrammes et croix sont ornés de pampres, ou renferment l'Agneau.

Le 13 août 1929, dans un terrain voisin de Douar-ech-Chott, que nous avons pu explorer grâce à l'intervention de Mme Louis Carton, nous avons trouvé une intéressante lampe qui mérite d'être publiée.

De belle terre rouge, le bec brisé et noirci par l'usage, cette lampe offre comme motif principal le *Poisson*.

Autour figurent huit colombes, quatre de chaque côté, formant couronne. Au revers, comme marque d'atelier, cette lampe porte en relief une sorte de monogramme du Christ à six rayons, et dans l'angle formé par la rencontre des rayons, un petit cercle marqué au centre d'un globule.

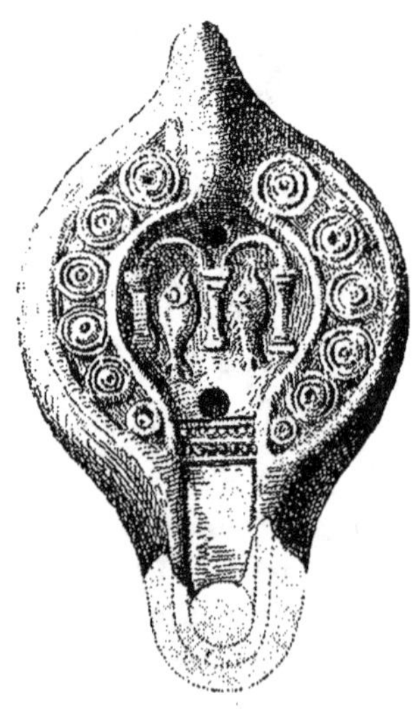

L'Agneau

Parmi les plus anciens symboles eucharistiques, nous devons mentionner l'AGNEAU. Notons d'abord que les premiers chrétiens donnaient le même sens emblématique à l'Agneau et à la Brebis, ainsi qu'au bélier. Nous en avons pour preuve la clef de saint Méliton, évêque de Sardes, qui, dans la seconde moitié du II⁰ siècle, inscrivait ces trois animaux au nombre des figures du Christ. Nous voyons la même attribution dans les vers cités plus haut [1] que l'on croit être de saint Damase (IV⁰ siècle).

C'est sous le titre *Agneau* que nous passerons en revue les lampes offrant l'une ou l'autre des trois images.

Comme l'a écrit L. Bréhier, dans son savant ouvrage « *L'Art chrétien* », l'Agneau fut dès l'origine et restera le symbole chrétien par excellence. Il est l'image la plus parfaite du Sauveur.

Si le sacrifice d'Abraham était la figure du sacrifice de la croix, Isaac représentait le Sauveur, comme nous le chantons dans la prose *Lauda Sion :* « *In figuris præsignatur cum Isaac immolatur* », et le bélier qu'Abraham sacrifia à la place de son cher fils fut aussi l'image de Jésus crucifié. Telle est la pensée de saint Augustin.

Mais c'est surtout l'Agneau que les Israélites immolaient pour la fête de Pâques, et dont ils se nourrissaient, qui est le symbole eucharistique, selon l'expression du *Lauda Sion :* « *Agnus Paschæ deputatur* ».

Le prophète Isaïe a comparé à l'Agneau le Messie qui devait venir : « *Emitte Agnum, Domine* » (Is. XVI, 1), et saint Jean-Baptiste, sur les bords du Jourdain, l'a désigné sous ce doux nom : « *Ecce Agnus Dei* » (Jean I, 29 et 36).

---

(1) page 37.

Dans les Actes des Apôtres, Jésus est comparé à l'Agneau qui se laisse tondre et conduire à l'égorgement sans se plaindre. Enfin, dans l'Apocalypse, Jésus au Ciel est l'Agneau immolé, l'Agneau vainqueur de la mort, l'Agneau triomphant, siégeant sur son trône de gloire, au-dessus des anges et des saints, c'est l'Agneau sur la montagne, *Agnus stabat supra montem.*

Pour les premiers chrétiens, au temps des persécutions, la vue de l'Agneau dans les peintures des Catacombes, éveillait dans leur âme la pensée du divin Sauveur et de son immolation pour le salut du monde. Il apparaît dès la fin du Ier siècle, à Rome, dans le cimetière de Domitille, et on le retrouve au IIIe dans celui de Calliste [1].

Il se montre bientôt sur les ustensiles liturgiques, et sur les objets domestiques. L'Eglise, en adoptant l'Agneau comme symbole, avait surtout pour but de rappeler aux Fidèles le Mystère de la Rédemption et l'état de victime du divin Sauveur, mort sur la croix pour leur donner la vie. Il était pour eux ce qu'est pour nous le Crucifix. Il représentait l'Agneau pascal immolé pour nous (Tert. *Contre Marcion*, V, 7). Dès que les circonstances le permirent, on rapprocha l'image de l'Agneau du signe du sacrifice sanglant de Jésus.

Il accompagna alors les différentes formes du Monogramme du Christ et la Croix elle-même. Enfin, il apparut sur la Croix à la place où fut représenté plus tard le corps du divin crucifié. C'est ainsi que nous voyons un fond de plat byzantin orné d'une croix dont les bras sont remplis de l'image, plusieurs fois répétée, de l'Agneau.

Il en est de même sur plusieurs belles lampes de notre collection et ce qui est plus caractéristique, l'Agneau porte sur le dos une petite croix et retourne la tête pour la regarder.

L'usage de représenter ainsi l'agneau portant la croix sem-

____

[1] L. BRÉHIER. *L'art chrétien*, p. 97.

ble particulier à l'Afrique. Le reliquaire d'argent [1] trouvé près d'*Aïn-Beïda*, en Algérie, et offert à Léon XIII par le Cardinal Lavigerie, nous en offre un exemple.

Tandis qu'une face latérale offre le Monogramme du Christ sur un rocher d'où sortent les quatre sources auxquelles viennent s'abreuver le cerf et la biche agenouillés, la face opposée offre au centre l'Agneau debout, la croix sur le dos et retournant la tête. C'est un des rares exemples que je connaisse, en dehors de Carthage, où l'Agneau apparaît ainsi.

A Carthage, les croix qui renferment ainsi l'agneau mériteraient d'être appelées *croix eucharistiques*. J'en dirai autant du Monogramme du Christ.

« Cet agneau qui porte sa croix représente l'agneau pascal, il représente la divine victime, cette chair qu'avant sa passion, Jésus, dans son dernier repas, a donné à ses apôtres, à son Eglise, pour être jusqu'à la fin des siècles la nourriture de ses élus. »

Cependant, quand l'agneau dans un petit cercle apparaît autour du sujet principal se rapportant à Notre-Seigneur, il

(1) DE ROSSI. *La Capsella d'argent africaine*, p. 76-77. Pl. 1, fig 1 et 2.

figure le fidèle, et c'est ainsi que nous le trouvons sur nos lampes entourant, plusieurs fois répété ou avec d'autres motifs symboliques, autour du *Bélier*, du *Lion,* de la *Colombe,* du *Pélican* et de divers personnages.

Mais le petit disque à l'Agneau portant la croix apparaît encore sur nos lampes entre les pattes d'une colombe, et

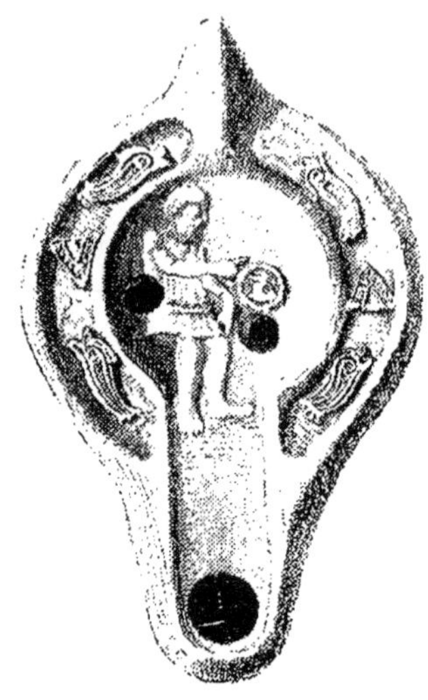

Personnage tenant un médaillon à l'Agneau
et entouré de poissons

aussi entre les mains d'un personnage, d'un fidèle. Ces diverses combinaisons avaient, assurément, un sens bien eucharistique, comme l'agneau que nous voyons placé sur l'orifice d'un calice.

N'y a-t-il pas lieu de se demander si les petits disques qui entourent si souvent, sur nos lampes, le sujet principal, ne représenteraient pas des pains eucharistiques ? Ceux-ci, dans les anciens monuments, ont la forme ronde et sont marqués d'une croix. Nous en trouvons de semblables à Carthage, imprimés sur nos lampes, et de plus nous en trouvons qui sont marqués du monogramme du Christ, et d'autres qui renferment l'agneau avec la croix sur le dos.

Parmi une trentaine de lampes chrétiennes à l'Agneau, mentionnées par Dom Leclerq, dans le Dictionnaire d'Archéologie chrétienne, il y en a les deux tiers où le pourtour comporte des disques et même des disques à l'Agneau, comme aussi des *agneaux*, des *cœurs*, des *feuilles de vigne*, *des colombes*, des *croix* et des *palmes*.

Si le bélier, la brebis ou l'agneau sont le symbole très expressif de Notre-Seigneur, les petits agneaux, comme les *pisciculi*, doivent représenter les fidèles conformément à l'adage que nous avons déjà cité *Christianus alter Christus*.

Le Verbe incarné étant figuré par l'Agneau, le disciple, comme s'exprime Dom Guéranger, devra revêtir aussi le caractère de l'agneau. « Je vous envoie, dit le Sauveur, comme des agneaux au milieu des loups. » Dans la parabole du Bon Pasteur, il parle sans cesse des fidèles comme de ses brebis, qu'il connaît et dont il est connu. Les chrétiens des premiers siècles n'eurent garde d'oublier cette comparaison touchante [1] et chaque fois que des agneaux sont placés sur les monuments près du signe du Christ, ils symbolisent les fidèles.

C'est sous le nom d'agneaux que saint Augustin désignait les fidèles, chrétiens baptisés et catéchumènes [2].

Il y aurait peut-être lieu de parler ici du Bon Pasteur rapportant la brebis égarée. Nous en avons donné des exemples au chapitre des Marbres.

Mais avant de terminer ce chapitre, jetons un coup d'œil d'ensemble sur les principales représentations de l'agneau qu'offre notre collection de lampes chrétiennes.

L'*agneau* à buste humain ayant en main la croix ou un sceptre.

L'*agneau* avec la croix dressée sur le dos.

L'*agneau* surmonté du monogramme du Christ dans un cercle et entouré de feuilles de vigne, pour indiquer, comme

---

[1] Dom Guéranger. *Sainte Cécile et la Société romaine*
[2] *Dict. arch. chr.* Article. *Agneau*, col. 878.

disait le Cardinal Lavigerie, « non l'agneau du Sacrifice ancien ou celui du Calvaire, mais l'agneau du sacrifice de

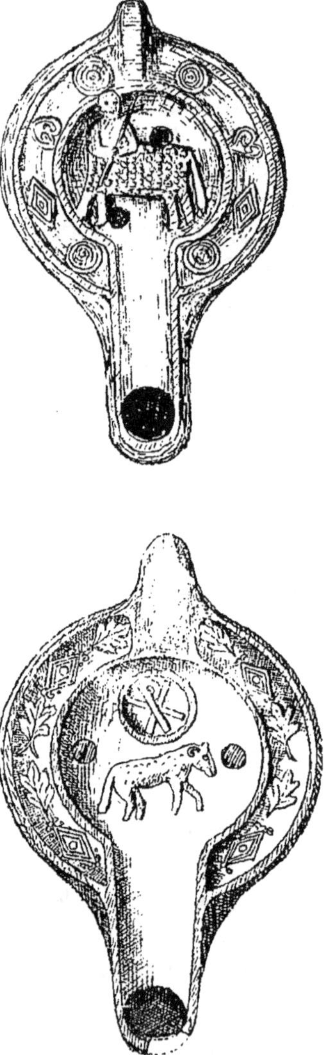

l'autel, dont la *vigne* donne la matière et dont le glaive de
la parole fait seul couler le sang ». *Lettre past.*, p. 15.

L'*agneau* et la feuille de vigne.

L'*agneau* entouré de colombes.

L'*agneau* entouré de croix.

L'*agneau* accosté d'une croix et entouré de cœurs.

L'*agneau* entouré de *palmes*, de *colombes*, de *croix*, de cœurs.

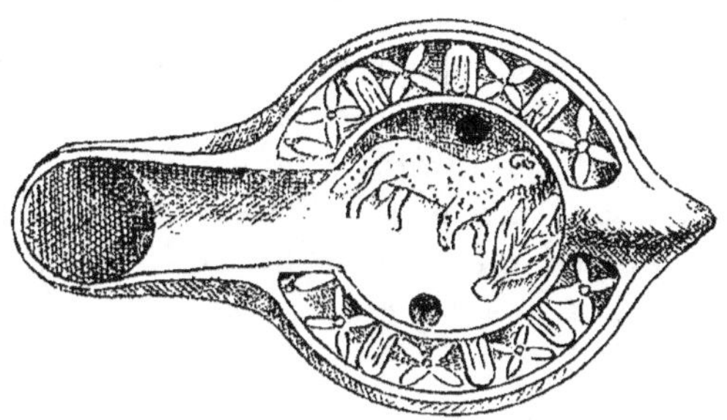

L'Agneau et la Feuille de Vigne

Une des dernières lampes inscrites dans notre catalogue offre un calice surmonté d'une colombe, entre deux agneaux affrontés. Autour, sont deux oiseaux, deux *poissons* et quatre *cœurs*. Dans cette lampe, la colombe figure Notre-Seigneur, tandis que les *agneaux*, les *poissons* et les *cœurs* symbolisent les fidèles. Le calice donne à l'ensemble la note eucharistique.

Parmi les médaillons à l'agneau, il y en a d'une finesse presque microscopique. Parmi les cœurs, il y en a qui renferment une feuille de vigne.

Le Lion

On sera peut-être étonné qu'après l'Agneau, symbole eucharistique, nous placions le *Lion*. Mais saint Augustin nous dit que ces deux animaux si différents représentent Notre-Seigneur. *Multum diversa sunt Leo et Agnus et tamen, utraque significatur Christus*, et il ajoute : « Si l'Agneau est l'emblème de l'innocence, de la victoire divine, le Lion est l'emblème de sa force. « *Christus autem est innocens ut Agnus et fortis ut Leo* ». (*In psalm.* CVIII. 26).

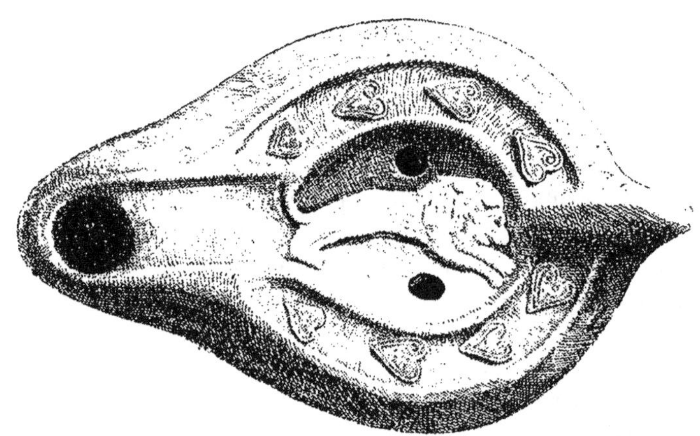

Le Lion entouré de cœurs

Si nous consultons la clef de saint Méliton, du IIe siècle, nous voyons le *lion* enregistré comme symbole du Seigneur, *Leo, Dominus* [1] et nous voyons plus tard l'Agneau et le

[1] *Spic. Solesm.* T. II. p. LXXXII

Lion donnés comme symbole de Notre-Seigneur. Le même vers qui mentionne l'Agneau, dans une poésie attribuée à saint Damase et que nous avons déjà citée, se termine par ces deux mots *Leo, Jesus.*

Roi des animaux par sa force [1], le Lion fut adopté de bonne heure pour figurer le Christ et le Christ vainqueur.

Ne lisons-nous pas dans l'Apocalypse (v, 5) :

Ecce vicit Leo de tribu Juda ?

Des amulettes de cuivre trouvées à Carthage portent :

Bicit te Leo de tribu Juda, radix David.

Emblème de Jésus-Christ en tant qu'Homme-Dieu ressuscité, le Lion l'est aussi en tant qu'auteur et principe de notre résurrection [2].

A cette occasion, M. Charbonneau-Lassay emprunte à M. Mâle, auteur de l'*Art religieux*, les détails suivants qui sont peu connus.

« Tout le monde admettait, au moyen-âge, que la lionne mettait bas des petits qui semblaient morts-nés. Pendant trois jours, les lionceaux ne donnaient aucun signe de vie, mais le troisième jour, le Lion revenait et les animait de son souffle ».

La mort apparente des lionceaux représentait le séjour de Jésus-Christ dans le tombeau et c'était bien là une image de la résurrection et de la puissance de Notre-Seigneur.

Mais ces idées devaient remonter au-delà du moyen-âge.

Jusqu'ici nous avons montré le Lion comme symbole du Christ, mais c'est comme symbole de Jésus-Hostie que nous devons le considérer.

Comment ne pas reconnaître dans la représentation du Lion, un symbole eucharistique, quand nous le voyons sur une de nos lampes, entouré de lionceaux courant chacun vers une feuille de vigne ?

Ici les lionceaux, comme les *pisciculi* autour de l'ΙΧΘΥΣ, figurent les fidèles doués de la force divine puisée dans le

---

(1) *Quid fortius leone* (*Judic.* xiv. 18).
(2) *Régnabit*, avril 1926, p. 371-372.

Sacrement de l'Eucharistie. C'est la pensée de saint Jean Chrysostome quand il dit : « Sortons du banquet sacré, semblables à des lions respirant la flamme et devenus terribles au démon ».

Et n'est-ce pas la pensée qui se révèle quand nous voyons sur nos lampes, le Lion, non seulement entouré de lionceaux et de feuilles de vigne, mais encore de *pisciculi*, de *colombes*, de *cœurs*, de croix et de monogrammes du Christ :

Ecce vicit Leo de tribu Juda.

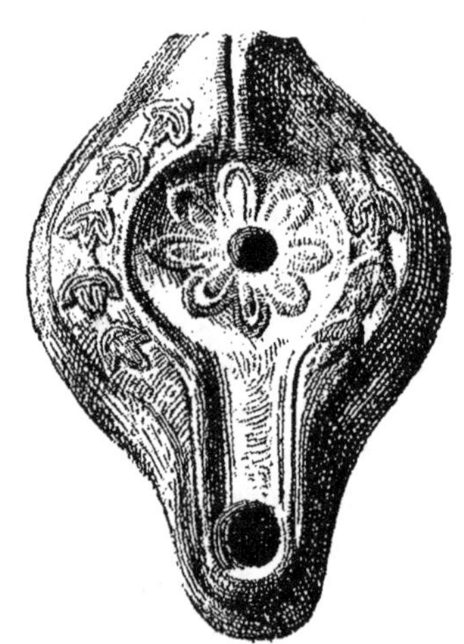

Le Cerf

D'après un curieux préjugé, on croyait, dans l'antiquité, que le cerf atteint de maladie ou de vieillesse, avait la faculté de recouvrer la santé ou la jeunesse, en se retirant dans une grotte et en se nourrissant de serpents. Au temps de Tertullien, ce préjugé était encore répandu en Afrique, car le prêtre de Carthage, parlant du cerf, dit que cet animal est le maître de son existence. *Ipse ætatis suæ arbiter.* (*De pallio*).

Il était donc naturel que le cerf devint le symbole de l'immortalité.

D'ordinaire, le cerf est l'image du chrétien, soit catéchumène, soit fidèle.

Le catéchumène, instruit de l'efficacité des eaux du baptême, devait aspirer ardemment à la fontaine sacrée où il allait perdre toutes ses souillures. Pour exprimer son ardent désir, rien ne pouvait mieux convenir que l'image du cerf et les pàroles de David (Psaume XLI) :

Quemadmodum desiderat cervus ad fontes aquarum, ita desiderat anima mea ad te, Deus. Comme le cerf altéré soupire après l'eau des fontaines, ainsi mon âme vous désire, ô mon Dieu.

De là, dit Dom Guéranger, les représentations de l'âme haletante au baptême, sous la forme d'un jeune cerf. (*Sainte Cécile et la Société romaine*).

L'image du cerf convient aussi à l'âme qui recherche la vérité. Saint Augustin, parlant de l'illustre famille des *Anicii*, dit que ses membres furent *comme des cerfs*, les plus prompts parmi les familles romaines, à embrasser la foi chrétienne [1].

_____

[1] Cf. DELATTRE, L'Amphithéâtre de Carthage et le Pélerinage de sainte Perpétue, Lyon 1913, p. 19

L'image du cerf peut aussi représenter le fidèle aspirant à la possession de la grâce, ou encore à se nourrir de la divine Eucharistie.

D'autre part, le cerf figure aussi le chrétien, à qui il était permis de fuir la persécution, contrairement à ce qu'enseignaient quelques hérétiques et Tertullien lui-même lorsqu'il eut embrassé l'erreur des Montanistes.

Sur une lampe trouvée à Carthage le 18 janvier 1880, le cerf est représenté courant, et entouré de lièvres courant de même. Le cerf et le lièvre, à cause de leur timidité et de leur agilité, signifient la crainte qu'éprouve l'âme chrétienne à l'approche des dangers menaçant sa pureté. Ils signifient aussi la promptitude avec laquelle elle doit fuir. (Cf. Dict. des Antiquités chrét., articles *Cerf* et *Lièvre*).

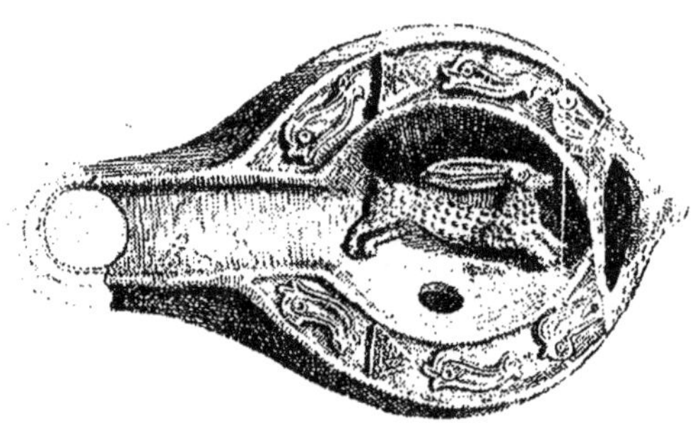

Une de nos lampes montre le cerf tenant à la bouche un objet difficile à déterminer, mais dont la forme donne l'impression d'une grappe de raisin.

Mais le cerf n'est pas toujours l'emblème du catéchumène ou du fidèle. Il a été aussi adopté comme symbole de Notre-Seigneur. Martigny le dit expressément dans son dictionnaire (p. 158) d'après saint Ambroise..

Mais que le cerf représentant le Christ ait été un symbole eucharistique, nous en avons la preuve dans le moule à hosties trouvé en Tunisie et dans lequel nous le voyons entouré de ce verset de l'Evangile de saint Jean (VI, 56) : *Ego*

šum panis vivus qui de celo descendi. Je suis le pain vivant
descendu du ciel [1].

Sur plusieurs lampes de Carthage, le cerf apparaît ayant
aussi devant lui un calice. On peut se demander si dans
cette représentation nous avons une figure du fidèle s'abreu-
vant à la coupe du sang divin, ou si le calice n'est là que
pour donner le sens eucharistique à Notre-Seigneur lui-
même.

C'est bien le sens eucharistique qu'il convient de donner
au cerf lorsque nous le voyons, sur nos lampes, entouré de
pisciculi, de *colombes*, de *lièvres*, de *fleurons cruciformes*,
de *palmes* et de *cœurs*.

(1) Voir la gravure 6.

L'Aigle

L'Aigle, le roi des oiseaux, fut, dans l'antiquité païenne, consacré à Jupiter. Il fut, pour les légions romaines, ce que fut le cheval pour les armées carthaginoises, un signe de victoire.

L'oiseau qu'on a appelé le roi des airs, passe pour vivre très longtemps. On cite l'exemple d'un aigle qui vécut plus

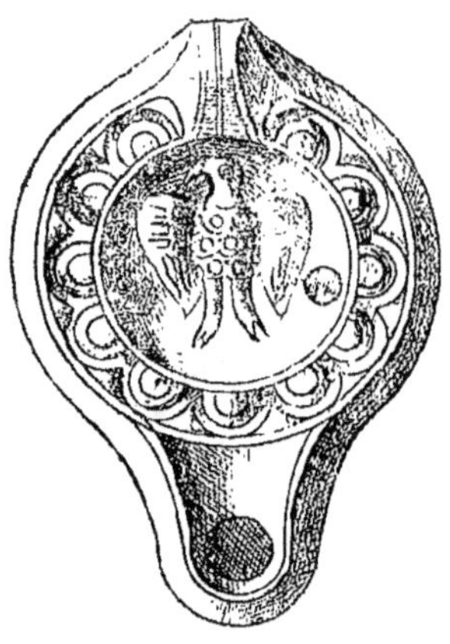

de cent ans. Sa longévité a donné lieu, chez les anciens, à une série de fables qui se sont propagées jusqu'au moyen-âge. On accordait à cet oiseau, arrivé à l'extrême vieillesse, la faculté de se rajeunir soit en se baignant dans l'eau de certaines sources, soit en s'exposant à l'action du soleil [1].

Mais pour reconnaître à l'aigle un sens emblématique chrétien, les Pères de l'Eglise n'avaient qu'à recourir à la Sainte-Ecriture.

(1) Cf. Décembre-Alonnier, *Bufon populaire illustré*, p. 16.

Moïse, dans un magnifique cantique (Deut. XXXII, 11), compare Dieu à l'aigle et s'exprime en ces termes :

« Comme l'aigle provoquant ses petits au vol, ainsi Dieu a étendu ses ailes sur Jacob; il l'a élevé et l'a porté sur ses épaules.

D'après l'Abbé Martigny, plusieurs Pères de l'Eglise ont fait de l'aigle le symbole de la résurrection en se fondant sur ce verset du psaume CII : « *Renovabitur ut aquilæ juventus tua* ». Ta jeunesse sera renouvelée comme celle de l'aigle. Ce verset était à rapprocher des mues périodiques de cet oiseau.

L'aigle a été aussi pris comme symbole d'espérance, d'après ces mots d'Isaïe (XL, 31) : « *Qui sperant in Domino assument pennas sicut Aquilæ* ».

L'aigle fut aussi regardé, même par les païens, comme l'emblème de la sagesse, qui est la suprême clarté de l'esprit, et c'est pour cette raison qu'il convient à représenter la Sagesse incréée. (L. Charbonneau-Lassay) [1].

En effet, si l'Aigle n'a jamais eu, comme symbole, la popularité du Poisson, de l'Agneau, de la Colombe, il fut ad-

----

[1] *Regnabit*, mai, 1928, p. 326.

mis par les chrétiens comme emblème de Notre-Seigneur.

Si nous consultons la clef de saint Méliton, nous voyons que l'aigle est donné comme symbole du Seigneur et de la divinité du Fils de Dieu. *Dominus et Divinitas Filii Dei* (*Spic. Solesm.* II, p. LXXX).

On a signalé la figure de l'Aigle sur une pixide en ivoire trouvée à Carthage (J. P. Kirsch, *Dict. d'Arch. chr.* au mot *Aigle*).

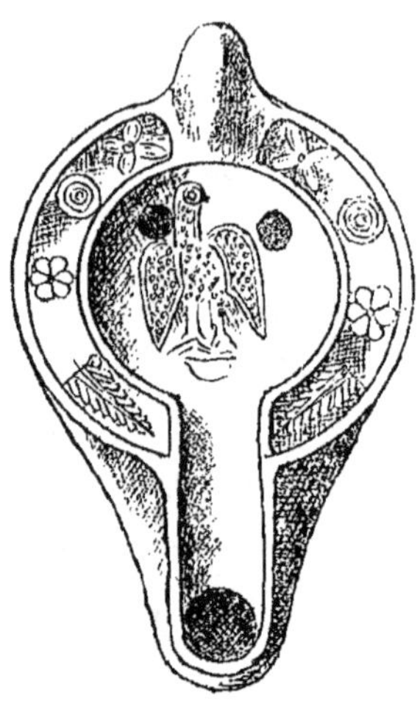

Plusieurs lampes chrétiennes de notre collection, offrent l'aigle debout, de face, regardant tantôt à droite, tantôt à gauche. Il est d'ordinaire entouré de *cœurs*, de *palmes*, de fleurons cruciformes. Sur une lampe, il est accompagné de trois petits cercles disposés en triangle. Une autre lampe porte au revers trois traits convergeant en un même point. Ces symboles de la Trinité se rencontrent très fréquemment sur les lampes chrétiennes de Carthage.

Le Calice

Nous connaissons par Tertullien l'usage qui existait de son temps de faire figurer l'image du Bon Pasteur, sur les vases sacrés servant au sacrifice eucharistique.

A Carthage, nous voyons sur les lampes, le Calice portant Notre-Seigneur sous la forme du Poisson.

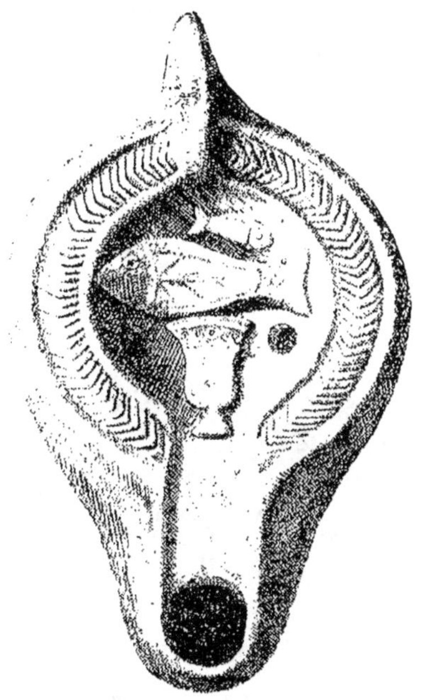

Signalons tout d'abord une belle lampe de la collection de Mme Carton. On y voit le Calice surmonté du grand Poisson, ΙΧΘΥΣ, et au-dessus du grand Poisson, un petit poisson, *pisciculus*. Le sens eucharistique ne peut être plus caractéristique. Le grand Poisson représente Notre-Seigneur et le petit poisson symbolise le fidèle.

Une autre lampe de Carthage offre comme sujet le Calice, dont l'orifice est rempli de petits ronds figurant des pains.

Tantôt le Calice est orné d'une croix latine ou d'une rosace en forme de croix, tantôt il est accosté de deux *pisciculi* et entouré d'autres motifs parmi lesquels sont encore deux *pisciculi,* deux *cœurs,* deux *disques,* etc...

Un sujet qui revient assez souvent représente un *Cerf* buvant dans un Calice, application du premier verset du psaume XLI : *Quemadmodum desiderat cervus ad fontes aqurum...* Verset qui me rappelle un des plus chers souvenirs eucharistiques de ma vie. C'est le psaume que l'on chantait dans l'église de mon baptême, au jour de ma première communion, pendant que profondément recueillis, nous avancions vers la Table Sainte pour recevoir Jésus-Hostie dans nos cœurs.

Voici encore la description de quelques lampes au Calice.

Le Calice surmonté d'une colombe et accosté de deux agneaux. Autour, deux *pisciculi,* deux *colombes* et quatre *cœurs.*

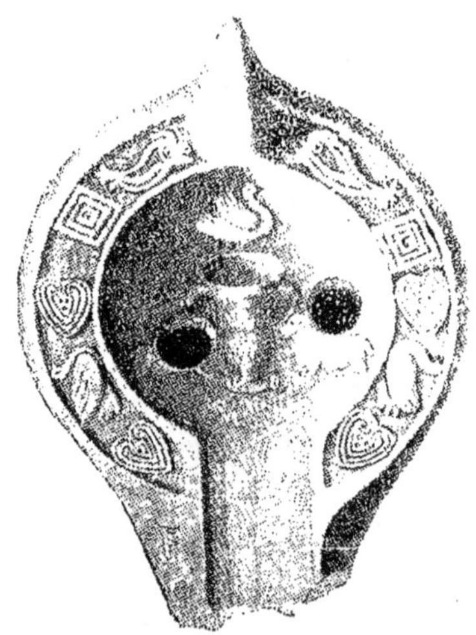

Le Calice accosté de deux *pisciculi.* Autour, deux *pisciculi,* deux *cœurs,* etc...

Le Calice surmonté d'une croix entre deux palmes. Croix et palmes semblent émerger du calice. Autour, *cœurs*, fleurons cruciformes, etc...

Le Calice, entouré de quatre *pisciculi*, quatre *cœurs* disposés symétriquement. Au revers, sept petits ronds disposés en forme de grappe de raisin.

Le *Calice* surmonté du *daim*. D'après la Clef de saint Méliton, le *daim* figure le Christ dans son corps, *Christus in corpore suo* (Cf. *Spic. Solem*, III, p. 72).

Le Calice et les feuilles de vigne

On peut voir dans le Musée Kircher, à Rome, et dans celui de Lyon, des lampes ayant sur leur disque un personnage engagé à mi-corps dans un calice. M. de Rossi y voyait l'intention d'indiquer que le chrétien ainsi représenté avait été un vase d'élection.

Ne pourrait-on pas aussi y reconnaître l'intention de figurer Notre-Seigneur et sa présence corporelle dans le mystère de la Sainte Eucharistie ?

Ce qui me semble donner quelque poids à cette interprétation, c'est une lampe trouvée dans la province de Constantine et dont je reçus du Commandant Farges, en 1901, une photographie.

Dans cette lampe, le personnage qui émerge du Calice a la tête nimbée.

J'avoue que la présence du nimbe pourrait aussi confirmer l'opinion du savant de Rossi. Mais dans ce cas le personnage serait un Saint [1].

On pourrait rapprocher de ces variétés une de nos lampes où le personnage paraît émerger d'une plante ou d'une fleur plutôt que d'un vase sacré ou calice.

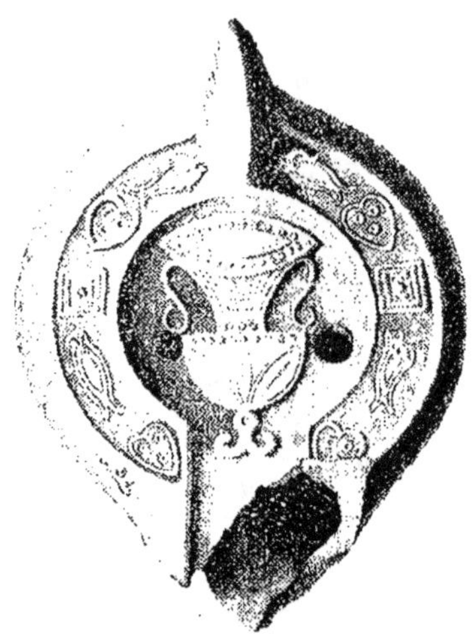

Le Calice. Autour, cœurs et poissons

Mais si le Calice est un symbole eucharistique rappelant la présence réelle de Notre-Seigneur, le chrétien est aussi parfois figuré par un petit calice occupant une place secondaire autour du symbole principal, comme les *pisciculi*, les colombes, les *agneaux*, les *cœurs*, etc...

Rapportons ici deux textes de saint Augustin :

« *Fidelibus dicitur, vasis Dei dicitur, vasis misericordiæ dicitur: Eritis mihi testes.* » (Serm. 265, 5).

(1) Le *Dict. d'arch. chr.* donne le buste d'un martyr persan sur un calice (T. II, col 1081, fig. 1980).

« *Vas aliquid portare debet,*
Vas inane esse non debet;
Vas implendum est:
Unde, nisi gratià » (Serm. 295, 6).

Et où le fidèle peut-il puiser la grâce mieux que dans l'Eucharistie ?

Quid retribuam Domino pro omnibus quaœ retribuit mibi ?
Calicem salutaris accipiam..

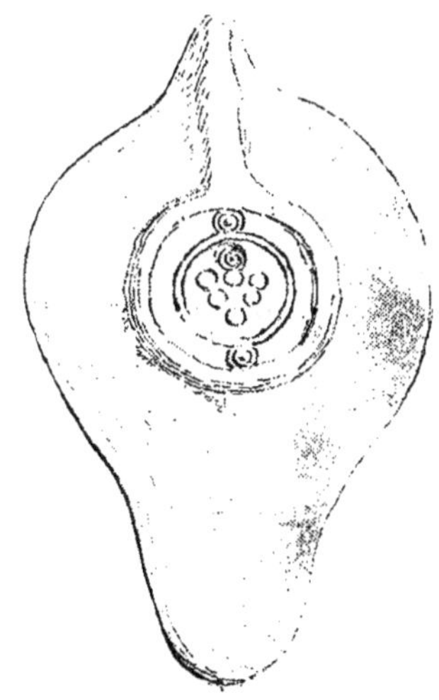

La Colombe

La *colombe* est un des symboles qui, avec le Poisson et l'Agneau, apparaît dès les premiers siècles de l'Eglise. On y reconnaît d'ordinaire l'image du Saint-Esprit et les raisons ne manquent pas pour ce symbolisme, mais on peut y voir aussi, dans certains cas, l'image de Notre-Seigneur.

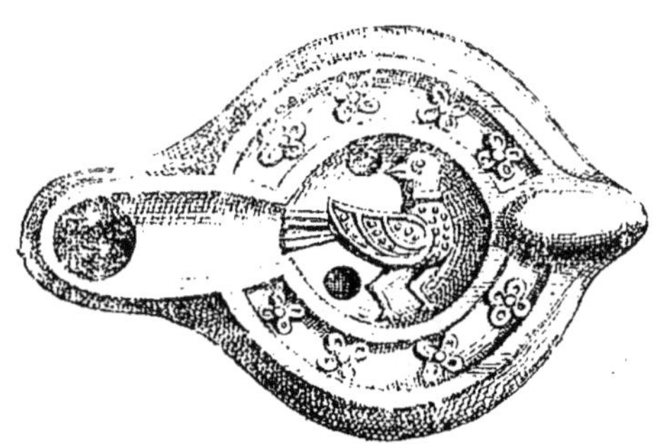

La Colombe

Disons d'abord que, dans le langage symbolique, l'oiseau en général, même quand il ne se présente pas sous la forme de Colombe, Pélican ou Ibis, figure souvent Jésus-Christ, et les oiseaux ainsi indéterminés, figurent les fidèles par rapport à Notre-Seigneur [1].

Comme nous avons fait pour le Poisson et le Dauphin, — pour l'Agneau, la Brebis, le Bélier, — nous rangerons sous la rubrique *Colombe*, non seulement la Colombe, mais aussi les oiseaux dont on ne peut clairement distinguer l'espèce.

1 Cf. *Requabit*, mai 1928

Dans le savant ouvrage, la *Clef de saint Méliton* (II⁰ siècle)
nous voyons le mot *Avis* (oiseau) donné comme symbole du
Sauveur et celui de *Columba* comme symbole de Dieu.

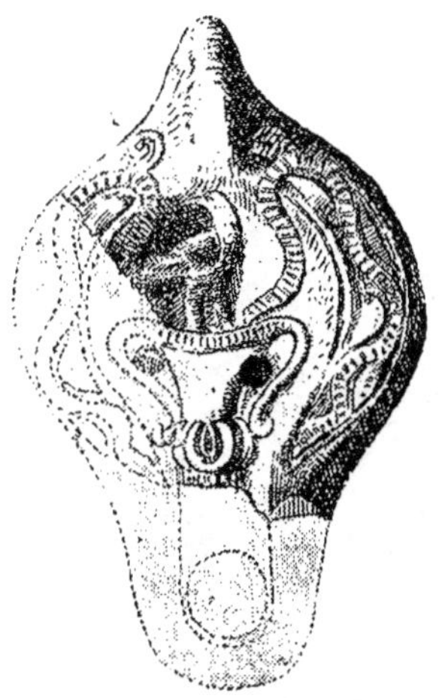

La Colombe sur le Calice

La colombe apparaît au déluge comme messagère de la
divine paix, selon l'expresion de Tertullien (Adv. Valent. II).
A primordio divinæ pacis præco, et plus tard le prophète
Isaïe appellera le Messie, *Prince de la Paix*.

Ce prince de la paix n'a-t-il pas voulu, au jour de sa pré-
sentation au temple, être racheté, conformément à la loi de
Moïse, par deux tourtereaux ou deux petits de colombes :
Par turturum aut duos pullos columbarum (Luc, II, 24).

Jésus est Dieu et Homme. C'est comme symbole de sa
divinité que la Clef de saint Méliton lui assigne la Colombe.
Il y a dans cette attribution une raison particulière. On sait
que chacune des lettres de l'alphabet grec a une valeur nu-
mérique. Or Notre-Seigneur a dit de lui-même, dans la vision de saint Jean : « Je suis le commencement et la fin,
l'*alpha* et l'*oméga* [1] pour indiquer sa divinité et son éter-

---

[1] Apoc. I, 8 — XXI, 6 — XXII, 13

nité. Si on additionne la valeur des lettres qui composent le mot grec ΠΕΡΙΣΤΕΡΑ signifiant Colombe, on a le même chiffre que donnent ensemble *alpha* et *oméga*, première et dernière lettre de l'alphabet grec. Cette coïncidence a dû contribuer à faire de la Colombe, le symbole de l'Homme-Dieu, et à servir aux premiers chrétiens, comme l'ΙΧΘΥΣ à se reconnaître entre eux.

Si saint Méliton, au II² siècle, fait de l'oiseau le symbole de Dieu nous voyons, peu de temps après, Tertullien faire de la colombe, *la figure orientale du Christ. Orientem Christi figuram* (Adv. Val. cap. III), et il semble bien, dans le même chapitre, désigner le divin Sauveur lorsqu'il l'appelle *Columba nostra.* On pourrait encore citer ce texte du prêtre de Carthage : « *Christum columba demonstrare solita est* ». (*Adv. Val.* cap. III).

La colombe, comme sujet principal, apparaît plus de cent fois sur les lampes chrétiennes de Carthage.

Quel symbole pouvait mieux convenir à figurer le divin Rédempteur, comme aussi le Saint-Esprit, que la Colombe, ce charmant volatile que saint Jean l'Evangéliste, dans son extrême vieillesse, aimait à caresser, et que saint Cyprien appelle l'oiseau simple et gai sans amertume dans le fiel.

Comment ne pas reconnaître un symbole eucharistique quand on voit la colombe accompagnée de la feuille de vigne ou portant au bec une grappe de raisin, remplacée par-

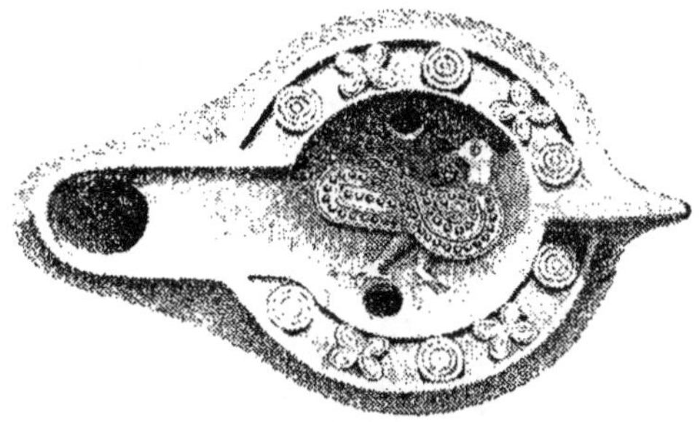

fois par une croix, ou un disque renfermant soit le monogramme du Christ, soit l'Agneau avec la Croix dressée sur le dos ?

Comment ne pas reconnaître un symbole eucharistique quand la Colombe est figurée sur la croix, sur l'arbre de vie

ou sous un portique, ou dans un tabernacle, quand nous la voyons entourée de petites *colombes*, comme l'ΙΧΘΥΣ de *pisciculi,* et quand nous la voyons aussi entourée de *pisciculi,* de *palmes,* de *croix,* de *cœurs* ?

On ne peut contester le sens eucharistique quand la colombe est représentée sur l'orifice d'un calice et quand le calice est accosté de deux agneaux, puis entouré de *pisciculi,* d'oiseaux et de cœurs.

N'est-ce pas la raison qui a inspiré l'idée de donner la forme de colombe aux vases sacrés destinés à renfermer et à conserver la Sainte Eucharistie ?

La Colombe dans un tabernacle.
entourée de Colombes

Telle fut la forme des plus anciens ciboires. Ils étaient d'ordinaire en métal précieux, or ou argent. La *Colombe eucharistique,* dans les basiliques, demeurait suspendue au-dessus de l'autel, sous la voûte du *ciborium* aux quatre colonnes, où la Messe avait été célébrée. On peut voir l'emplacement et les vestiges du *ciborium* dans chacune des basiliques découvertes à Carthage et ailleurs dans l'Afrique du Nord [1].

[1] Celui de la *Basilica Majorum* a été rétabli à l'occasion du Congrès Eucharistique, ainsi que la *Confession* et cette dernière avec ses escaliers exactement sur le plan primitif

Tertullien appelle la basilique, *Columbæ domus*, la Maison de la Colombe.

L'artiste qui a peint la scène de la mort de saint Louis, dans le grand parloir du Musée Lavigerie, connu sous le nom de *Salle de la Croisade*, a eu l'heureuse idée de représenter sous la tente royale, où le pieux monarque va rendre sa belle âme à Dieu, un autel où le saint sacrifice a été offert. On y voit la *Colombe eucharistique* suspendue à l'aide d'une chaînette.

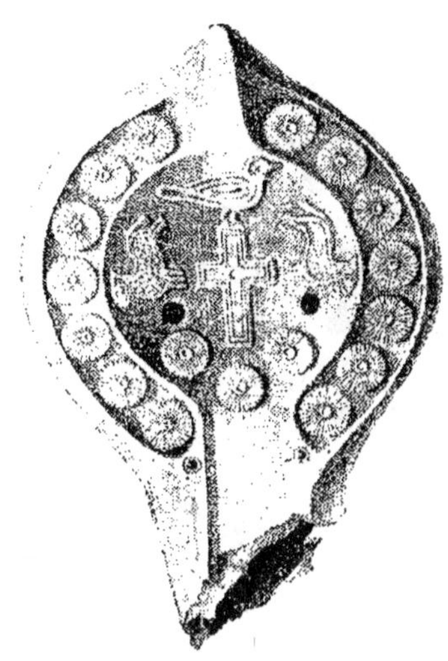

La Colombe sur la Croix

Les visiteurs de Saint-Louis peuvent ainsi comprendre ce qu'était le ciboire dans les premiers siècles, usage qui s'est conservé dans certaines églises jusqu'au moyen-âge. On en pourrait encore citer des exemples de nos jours. Il en est ainsi, m'assure un de mes confrères, à Paris, dans l'église grecque Melchite de saint Julien-le-Pauvre. Un autre de mes confrères me dit avoir rencontré le même usage, pendant la guerre, dans une église aux environs de Reims.

Mais si la Colombe est le symbole de Notre-Seigneur dans l'Eucharistie, les colombes représentent aussi les fidèles.

Nous avons signalé, dans un autre chapitre, une belle mosaïque de Tabarka représentant l'intérieur d'une basilique avec des colombes, figures des fidèles qui se dirigent vers l'autel.

Sur nos lampes de Carthage, nous voyons les colombes accoster ou entourer le *Poisson*, le *Lion*, le *Pélican*, l'*Arbre de Vie* (*cèdre*, *palmier* ou autres), mais surtout le monogramme du Christ et la Croix, en particulier la Croix eucharistique.

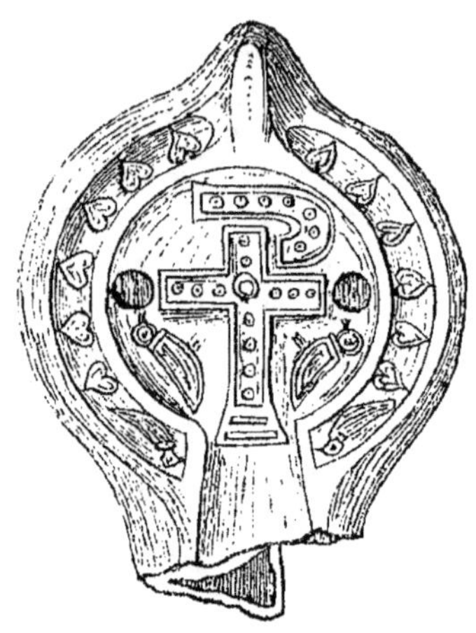

La Croix monogrammatique accostée de deux colombes
et entourée de cœurs

Nous voyons aussi deux colombes affrontées au-dessus d'un calice et tenant de leur bec une grappe de raisin. Une autre lampe montre les deux colombes, à droite et à gauche du calice, d'où sortent deux branches de vigne dont elles becquettent les grappes.

Parfois les colombes affrontées sont perchées sur les bras de la Croix, symbolisant les fidèles qui jouissent des bienfaits de la Rédemption.

Parfois aussi la colombe fait le pendant d'une petite croix, voire même d'un lièvre. Ces motifs ont leur signification.

On la trouve encore quelquefois sous un portique ou tabernacle dans l'attitude de la souffrance et accompagnée
d'une palme. N'est-ce pas une figure de la divine victime
de nos autels ?

Non seulement les colombes et les oiseaux en général
furent, dès les premiers siècles, adoptés comme symbole des
fidèles, *quibus aqua baptismalis sufficit*, selon l'expression
de Tertullien (*De resur.* LII), mais aussi, d'après le même
auteur, comme symbole des *martyrs,* à cause de leur vol
vers les régions supérieures, *qui ad superiora conantur.*

C'est ainsi que le prêtre de Carthage mettait une distinc-
tion entre le sens des *pisciculi* et celui des colombes, entre
l'emblème des simples fidèles et l'emblème des martyrs.

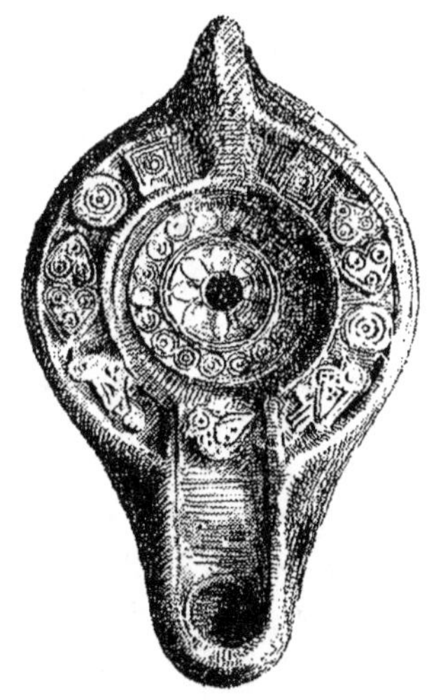

Le Cœur

Si vous cherchez le mot *Cœur* dans un dictionnaire d'archéologie chrétienne, vous constaterez son absence ou vous lirez que ce qui a été pris pour un cœur dans les inscriptions est simplement un signe de ponctuation, une feuille de lierre. Ces signes de ponctuation se trouvent mentionnés dans un texte de Constantine : *hederæ distinguentes* (C.I.L. VIII, 6982).

Il n'en est pas de même dans la céramique chrétienne de Carthage. Nombre de plats de belle terre rouge sont ornés de *cœurs*, et ces *cœurs* renferment le *monogramme du Christ* et aussi la *Croix*.

Ce sont donc bien des cœurs chrétiens qu'on a eu l'intention de représenter.

Les lampes chrétiennes de Carthage, dans les motifs dont elles sont ornées, nous offrent des centaines d'exemples du *cœur* occupant une place secondaire autour du sujet principal. Pendant longtemps, avant la trouvaille des plats signalés plus haut, je n'osais leur attribuer un sens emblématique.

Mais, à force de les voir occuper les mêmes places que les *pisciculi*, les *colombes* et autres motifs dont le sens n'est pas douteux, il me devint impossible de ne pas leur reconnaître un sens emblématique.

Il est évident que les fabricants de ces lampes avaient une intention religieuse bien déterminée dans le choix des cœurs.

En 1910, dans un rapport sur les symboles eucharistiques, adressé au Congrès de Montréal, j'écrivais en épilogue :

« On aura sans doute été frappé du nombre de fois que le *Cœur* apparaît parmi les motifs symboliques entourant sur nos lampes le sujet principal, emblème de Notre-Seigneur. Nous l'avons vu renfermant la *feuille de vigne*. Nous le verrions sur les plats de terre rouge, tantôt renfermant, sous diverses formes, le monogramme du Christ, tantôt renfermant la *Croix elle-même*. »

« Il y a là, ajoutai-je, un problème nouveau à étudier. »

Ce problème, je ne me suis jamais lassé d'en poursuivre la solution.

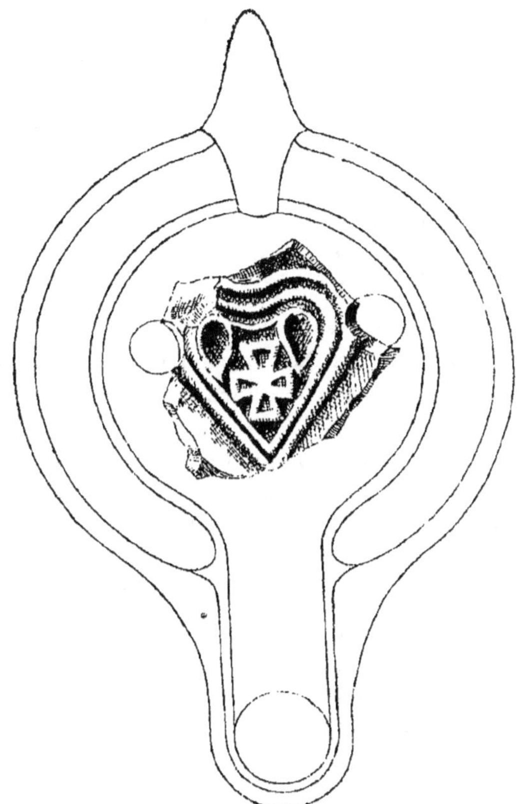

Le Cœur marqué de la Croix
au centre d'une lampe

Après avoir vu passer sous mes yeux des milliers de lampes chrétiennes, j'ai l'impression, de plus en plus accentuée, que d'ordinaire le sujet central se rapporte à Notre-Seigneur, et quand le symbole occupe une place secondaire ou se répète plusieurs fois, il représente le fidèle ou les fidèles. C'est ainsi que nous voyons le Poisson entouré de *pisciculi*, le Lion entouré de *lionceaux*, le *Paon* accompagné d'un *paonneau*, etc...

Dans nos lampes chrétiennes, les cœurs, comme les *pisciculi*, les colombes, etc..., entourent, tantôt exclusivement, tantôt avec d'autres motifs, des sujets de l'Ancien et du Nouveau Testament, non seulement le *Calice*, la *Croix* [1] et les divers monogrammes du Christ, mais encore les animaux symboliques tels que le *Poisson*, l'*Agneau*, le *Bélier*, le *Lion*, le *Cheval*, le *Cerf*, le *Lièvre*, et les oiseaux symboliques tels que la *Colombe*, le *Paon*, le *Pélican*, le *Phénix*, le *Coq*. On y voit aussi les Cœurs accompagnant l'Arbre de Vie, le *Cèdre*, symbole de la Croix et du Christ.

Pour reconnaître que sur nos lampes le cœur a pu représenter Notre-Seigneur, il fallait le trouver occupant la place principale que j'appellerai la place d'honneur, c'est-à-dire le centre de la partie supérieure de la lampe.

Or, nous avons eu la bonne fortune de recueillir à Carthage un tout petit fragment, portion et centre du disque supérieur d'une lampe. On y reconnaît l'amorce des deux trous d'aération et, entre ces deux trous, un *grand cœur marqué d'une croix*.

Malheureusement, ce n'est qu'un fragment, mais un fragment particulièrement précieux, puisqu'il nous offre un cœur renfermant la croix et se rapportant à Notre-Seigneur.

C'est l'unique exemple que je connaisse parmi tant de lampes chrétiennes que j'ai eu l'occasion de voir.

Mais quels motifs entouraient ce cœur quand la lampe était entière ? Etaient-ce d'autres cœurs de petite dimension, comme les *pisciculi* autour du grand Poisson, les lionceaux autour du Lion, le paonneau à côté du Paon ?

---

[1] D'après M. CHARBONNEAU-LASSAY, la croix paraît avoir été regardée, au moyen âge, comme la caractéristique du Cœur divin. (*Regnabit*, mars 1925, p. 282.

La lampe dont nous ne possédons qu'un fragment ne doit pas être la seule sortie du moule qui a servi à la façonner Nous ne devons donc pas désespérer d'être mis un jour sur

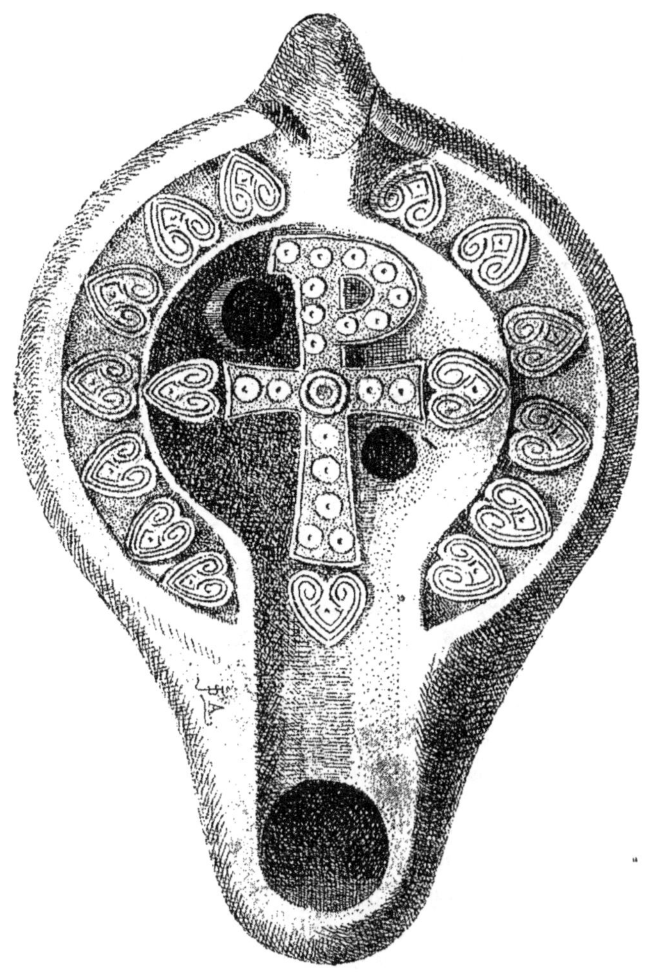

la piste d'un exemplaire bien conservé. Peut-être existe-t-il dans quelques musée ou collection particulière.

Combien nous serions reconnaissant si ces lignes venaient
à tomber sous les yeux d'une personne possédant cette lampe et si cette personne avait la charité de nous en donner
connaissance !

Puissions-nous nous-même en recueillir un exemplaire in-
tact trouvé dans les ruines de Carthage !

Il serait du plus haut intérêt de voir les motifs qui entouraient le *Cœur marqué d'une Croix* et lui donnaient sans
doute un sens eucharistique comme nous l'avons abondamment constaté pour tant d'autres sujets.

Le petit fragment de lampe chrétienne de Carthage m'a
inspiré de publier, en 1927, une très modeste brochure intitulée : *La représentation du Cœur de Jésus dans l'Art chrétien* [1].

J'y signale, dans l'art des exemples du XVe et du XIVe siècle ; dans la littérature, des textes de saint Paulin de Nole
(+ 431), de saint Anselme de Cantorbéry (+ 1109), de
sainte Mechtilde (+ 1298 ou 1999) et de sainte Gertrude
(+ 1334).

A ces noms on pourrait en ajouter, avant sainte Margue-
rite Marie, plusieurs autres tels que ceux de saint Bernard,
sainte Claire, saint Ignace, saint Philippe de Néri, saint
François de Sales, saint Jean Eudes, etc... (Cf. Bainvel, *La
dévotion au Sacré-Cœur*, p. 212 et suiv.).

Quoiqu'il en soit, nous croyons pouvoir présumer, sous
toute réserve, que le menu fragment d'une lampe remontant
au Ve siècle, nous offre la plus ancienne représentation du
Cœur Sacré de Jésus.

> *A Lui honneur et gloire,*
> *amour et reconnaissance*
> *dans tous les siècles !*

---

[1] Brochure de 19 pages et 11 dessins.

Le Palmier

« Dans les premiers siècles, écrit Dom Guéranger, la Croix
est simplement un arbre dont la vue rappelle celui qui fut
l'instrument du salut du monde. Toute l'antiquité des Pères
et le concert de toutes les liturgies de l'Orient et de l'Occi-
dent, célèbrent le choix que le ciel a fait du *bois* pour répa-
rer le dommage causé par le *bois* à l'humanité entière. »

« On sait, ajoute Dom Leclerq, que les premiers chrétiens
s'ingénièrent à dissimuler les lignes de la Croix en ce qu'elles avaient de trop choquant pour les païens. Ils figurèrent
alors la croix sous la forme de divers arbres dont les initiés
seuls pouvaient reconnaître le sens.

Parmi les arbres, aucun ne pouvait mieux convenir que le
palmier, surtout lorsqu'il pousse une palme verticale entre
deux palmes horizontales. C'est ainsi que la croix est figurée dans une fresque des catacombes de Rome et que nous
la voyons sur une de nos lampes de Carthage. On conçoit
aisément que les chrétiens d'Afrique aient aimé à figurer
ainsi la Croix.

Le Palmier était l'arbre caractéristique de l'Orient. Les
Phéniciens l'avaient introduit en Afrique. Aussi est-il appelé
Phœnix, c'est-à-dire l'arbre de Phénicie.

Dans l'Ancien Testament, l'Ecclésiastique (XXIV, 18) com-
parait la Sagesse au Palmier : *Quasi palma exaltata sum.*

David saluait le *Juste* sous l'image du Palmier : *Justus ut
palma florebit* (Ps. LXXXXI, 13) [1].

Cet arbre si majestueux et élégant forma un des principaux motifs de la décoration du temple de Salomon.

---

[1] Dans un passage de Job (XXIX, 18) : *sicut palma multiplicabo dies.*
Tertullien traduit : *sicut phœnix multiplicabo dies.* (MARTIGNY).

À Babylone, le palmier était l'objet d'un culte. A Carthage, nous le voyons sur les stèles votives et sur les rasoirs de bronze. Un personnage y est finement ciselé, tenant d'une main une palme et faisant de l'autre le geste de l'Adoration [1].

Tous les peuples, d'ailleurs, ont fait du palmier et de là palme un symbole de victoire. La palme fut l'emblème du martyre, de la résurrection et de la gloire du paradis. *Rami palmarum laudes sunt, significantes victoriam* (S. Aug.).

Il n'est pas douteux que, sur nos lampes, le Palmier n'ait un sens chrétien.

J'ai vu, dans un manuel d'art chrétien, que le Palmier avait été regardé comme emblème du Bon Pasteur. C'est peut-être dans ce sens qu'on le voit figurer à côté du Bon Pasteur sur le précieux vase de plomb trouvé à Carthage et que l'on croit avoir été un bénitier.

Si le Palmier, par sa forme, a pu représenter la Croix aux yeux des premiers chrétiens, ceux-ci ont dû en faire aussi le symbole de l'Eucharistie, à cause de l'excellence de son fruit, à chair si fine et si délicieuse, surtout dans le Nord de l'Afrique, particulièrement en Tunisie, ancien territoire de Carthage. Aucun fruit n'égale la saveur exquise de la datte appelée *Deglat-Nour* [2].

Quand sur nos lampes, le Palmier est entouré de huit cœurs, serait-il téméraire d'y reconnaître l'Arbre de Vie et, en même temps, un symbole eucharistique ? Egalement quand il est accosté de deux colombes affrontées ?

Une lampe offre un palmier lançant de son tronc droit deux groupes de palmes sur lesquelles se tiennent deux colombes, ayant entre elles un petit cercle imprimé en creux et figurant sans doute l'hostie eucharistique. Le pourtour

---

(1) Deux de ces rasoirs sont reproduits dans notre *Guide : Carthage autrefois, Carthage aujourd'hui*, 6ᵉ éd. 1927, p. 71.

(2) Dénomination arabe qu'on peut traduire par *Doigt-lumière*, ou doigt transparent, brillant.

est formé de deux palmes. Au revers, cette lampe porte comme marque de potier, le monogramme du Christ, X et P, dans l'intention peut-être d'accentuer le sens emblématique du palmier.

Une autre lampe montre un arbre dont le tronc donne naissance à deux larges palmes qui s'étendent à droite et à gauche comme de grandes feuilles de bananier. Au-dessus sont perchées deux colombes séparées par l'unique trou d'aération qu'elles atteignent de leur bec. Ici, le trou d'aération semble avoir, par sa forme circulaire, le même sens

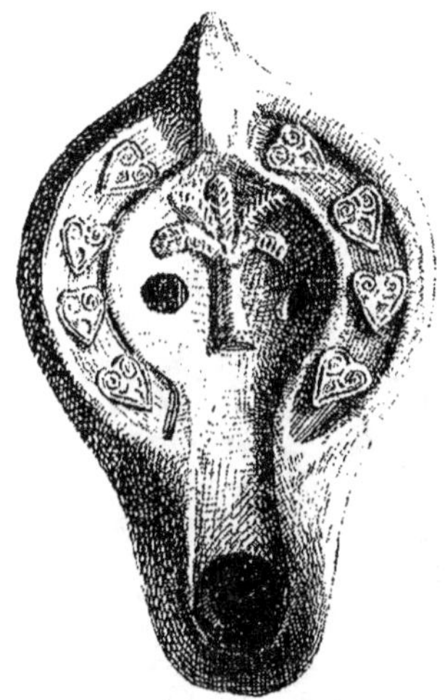

Le Palmier entouré de Cœurs

que le petit cercle de la lampe décrite ci-dessus. Au revers, le potier a imprimé une longue palme, et sous le bec, cinq cercles, dont un central et les autres disposés en croix.

Dans ces lampes, l'intention de figurer Notre-Seigneur par l'Arbre de Vie en même temps que l'Eucharitie, paraît manifeste.

N'est-il pas permis de voir dans les colombes qui accompagnent le palmier l'emblème des âmes avides de se nourrir du pain céleste renfermant toutes les saveurs spirituelles, comme l'Eglise le chante à chaque exposition du Très Saint-Sacrement : *Panem de Cœlo praestitisti eis omne delecta-mentum in se habentem.*

Puisque le palmier s'appelle Phénix, en grec et en latin, nous écrirons une note sur le sens emblématique de cet oiseau fabuleux dans les monuments chrétiens.

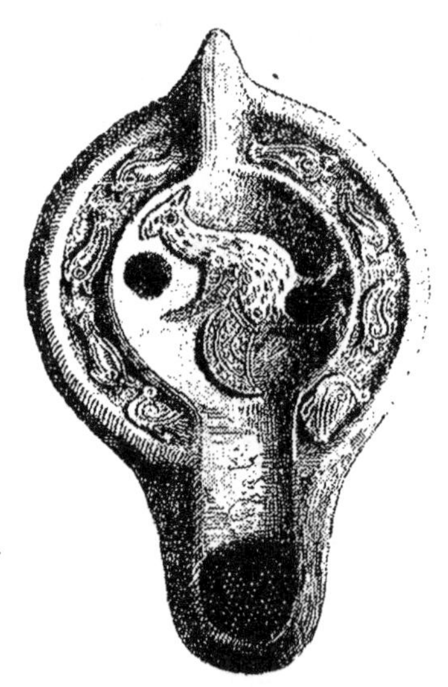

Le Phénix

Nous avons dit, dans la note sur le Palmier, que l'oiseau fabuleux dont nous allons parler portait le même nom, Phénix.

Les païens de l'antiquité croyaient que le Phénix venait de l'Arabie. C'était, pour eux, l'oiseau consacré au Soleil. On lui attribuait une vie de plusieurs siècles et la faculté, en mourant sur un bûcher, de renaître de ses cendres.

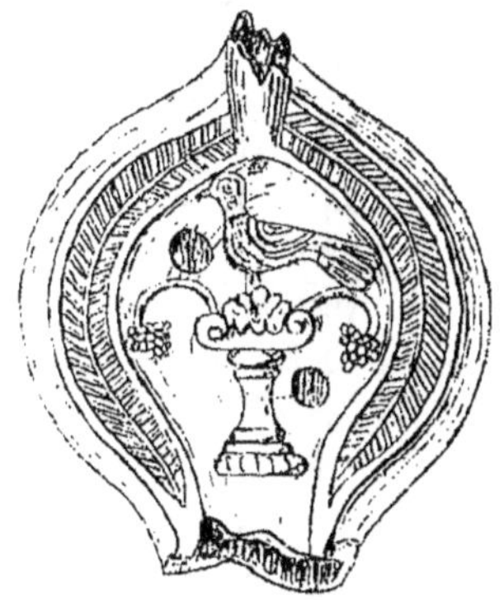

Le Phénix

Malgré ses origines mythologiques, le Phénix fut adopté comme symbole par les premiers chrétiens. Ils en firent le symbole de la résurrection de la chair et de l'immortalité de l'âme comme ils faisaient du palmier.

On a émis l'opinion que la colombe, qui apparaît si souvent dans les épitaphes chrétiennes, portant au bec une palme, doit exprimer le même sens symbolique que le Phénix.

Nous lisons dans les Actes du Martyre des saints Valérien et Tiburce, que ce dernier voulant convertir à la vraie foi Maxime, l'officier chargé de les conduire au supplice, lui dit : « Le corps sera réduit en poussière pour ressusciter, comme le Phénix, à la lumière qui doit se lever. »

Et quand Maxime, converti, eut suivi les martyrs dans leur victoire, sainte Cécile, l'épouse vierge de Valérien et belle-sœur de Tiburce, fit déposer les précieux restes dans

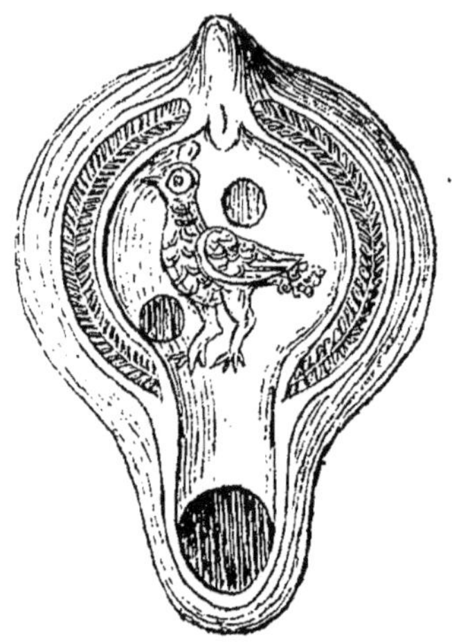

un sarcophage où, sur son ordre, fut sculpté un Phénix, en souvenir, sans doute, de la parole par laquelle Tiburce avait donné à Maxime l'idée de la résurrection de nos corps [1].

• L'interprétation de l'emblème du Phénix, empruntée à une des scènes les plus touchantes de l'histoire de Rome chrétienne, est confirmée par les écrits des auteurs africains.

Tertullien, dans son traité de la *Résurrection de la chair*[2] parle du Phénix : « *Qui semetipsum lubenter funerans renovat, natali fine decedens atque succedens iterum* ».

(1) DOM GUÉRANGER. *Sainte Cécile*, p. 305
(2) Chap. XIII

Et saint Cyprien, dans son exposition sur le symbole des apôtres, s'exprime ainsi :

« *Orientis avis quam Phœnicem vocant, in tantum sine conjuge nasci vel renasci constat, ut semper et una sit, et semper sibi ipsa nascendo vel renascendo succedat.* »

Voici quelques vers de Commodien, dans son *Carmen Apologicum :*

Sicut avis Phœnix meditatur a morte renasci,
Dat nobis exemplum post futura surgere posse;
Hoc Deus omnipotens vel maxime credere suadet,
Quod veniet tempus defunctorum vivere rursum... [1]

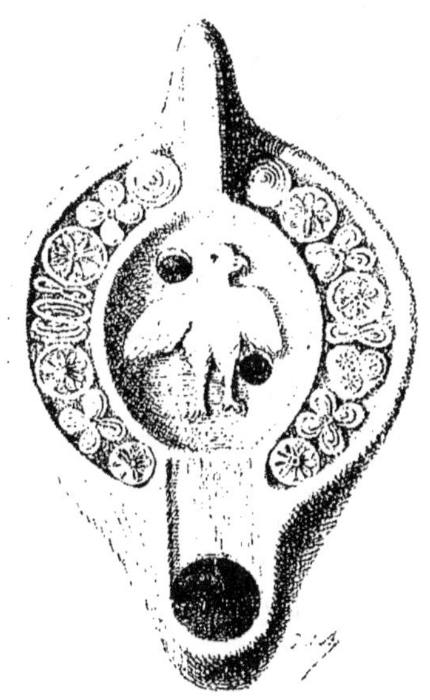

Les œuvres de Lactance sont ordinairement suivies d'un poème qu'on lui attribue et qui est intitulé « *le Phénix* ». Il compte 85 distiques et se termine ainsi :

Ut possit nasci, hœc appetit ante mori
Ipsa sibi proles, suus et pater, et suus hœres,

(1) *Spicil. Solesm.* T. I, p. 25.

Nutrix ipsa sui, semper alumna sibi.
Ipsa quidem, sed non eadem, quia et ipsa, nec ipsa, est,
Aeternam vitam mortis adepta bono.

Sous la plume de l'auteur, le merveilleux oiseau est l'emblème de notre immortalité [1].

Pour M. Bréhier, dans l'*Art chrétien* [2], le Phénix figure la résurrection du Christ.

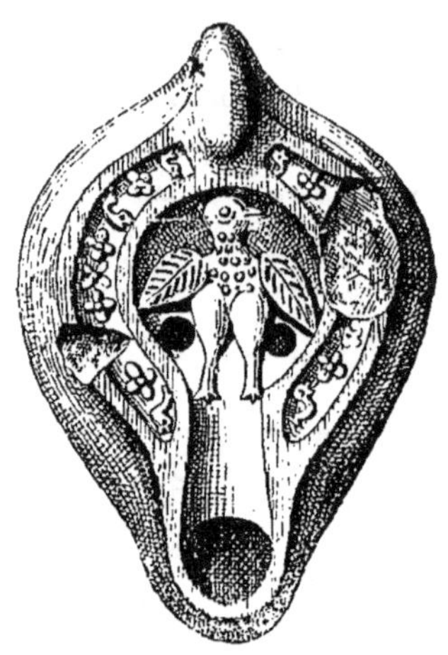

Ne pourrait-on pas voir dans cet oiseau, qui passait pour être immortel, l'emblème de Notre-Seigneur, et quand il est accompagné de *pisciculi*, de *colombes*, de *cœurs* ou de *palmes*, un symbole eucharistique.

La nature fabuleuse attribuée par les anciens au Phénix et son adoption faite par les premiers chrétiens comme symbole, ont inspiré, il y a plus de deux siècles, au Cardinal Bona, surnommé le Fénelon de l'Italie, un remarquable ouvrage de piété, sous le titre allégorique : *Phœnix redivivus* (le Phénix qui revit ou la *Rénovation de l'âme par la retraite*). Ce recueil, de solides méditations, a été traduit par M. Julien Travers et publié à Caen, en 1858.

---

(1) BARDENHEWER. *Les Pères de l'Église*, p. 376.
(2) P. 110.

Le Pélican

Cet oiseau, qui n'est pas inconnu en Afrique, est très affectionné à ses petits. Il passait, chez les païens, dans l'antiquité, pour pousser l'amour de ses petits jusqu'à se saigner les flancs afin de les nourrir. On croyait même que ses petits venant à mourir, il les ressuscitait par l'ablution de son sang. C'est ce qui l'a fait adopter par les premiers chrétiens comme symbole du don de soi-même et de la parfaite charité.

Le grand apôtre de l'Afrique, le Cardinal Lavigerie, l'avait pris pour emblème dans ses armoiries épiscopales avec ce seul mot comme légende : CHARITAS.

Le Pélican est l'emblème de Jésus-Christ souffrant et donnant sur la croix jusqu'à la dernière goutte de son sang par amour des âmes et pour le salut du monde.

Aussi la Clef de saint Méliton donne le Pélican comme symbole de Notre-Seigneur dans sa passion : *D. C. in passione* [1].

Sur les lampes chrétiennes de Carthage, le Pélican paraît bien symboliser l'Eucharistie quand il figure sous une sorte de portique ou de *ciborium*, dans l'attitude de la souffrance, le cou et la tête renversés en arrière surmontés d'une palme. Le *ciborium* est alors entouré d'*agneaux* et surtout de *colombes*.

Le comble de la charité étant de se donner soi-même, il était tout naturel de faire du Pélican le symbole de l'Eucharistie et un des emblèmes les plus parlants et les plus vénérés [2].

[1] *Sp. Solesm.* T. II, p. LXXX, n° 739.
[2] L. CHARBONNEAU-LASSY, dans *Regnabit*, avril 1925, p. 381

C'est sous le nom de Pélican que Jésus-Hostie est invoqué dans l'hymne *Adoro te latens Deitas* de la fête du Très Saint-Sacrement.

Pie Pellicane, Jesu Domine,
Me immundum munda tuo sanguine
Cujus una stilla salvum facere
Totum mundum quit ab omni scelere.

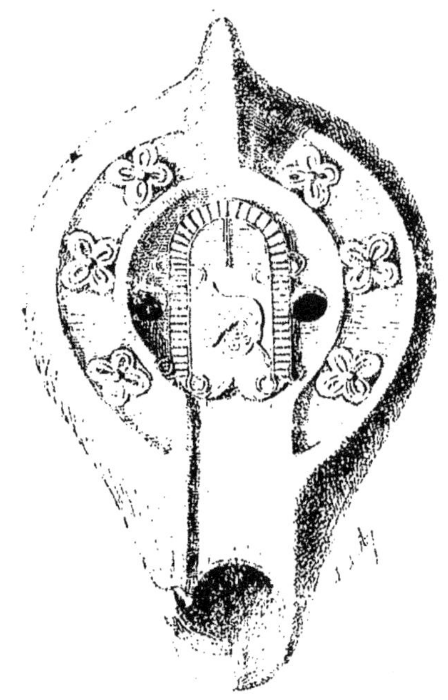

Le Pélican?

O Seigneur Jésus, Pélican très bon, je suis bien coupable ! Purifiez-moi moi par votre sang dont une seule goutte peut sauver le monde entier de ses crimes [1].

La science du langage des animaux et surtout des oiseaux

[1] A l'époque byzantine, une bulle porte le pélican comme symbole de la Rédemption. GUST. SCHLUMBERGER, *Sigillographie de l'Empire Byzantin*, p. 28.

se retrouve dans les anciennes races orientales. C'est ainsi qu'on la constate non seulement en Perse, mais encore en Scandinavie et en Allemagne.

A l'époque romaine, la vie d'Apollonius de Thyane, en offre des exemples.

On attribue à Salomon l'interprétation du langage des animaux et d'après cette interprétation le Pélican dit :

« Loué soit le Seigneur au ciel et sur la terre » [1].

Monogramme Constantinien

---

(1) MIGNE. *Dict. des Apocryphes*, II, col. 845 et 851

La Croix eucharistique

Dès l'origine du Christianisme, les fidèles eurent pour la Croix un respect et une dévotion particulière. L'instrument de *bois* que la divine victime de notre salut arrosa de son sang jusqu'à la dernière goutte, devint vite et demeura pour toujours le signe du Christ, *Signum Christi*.

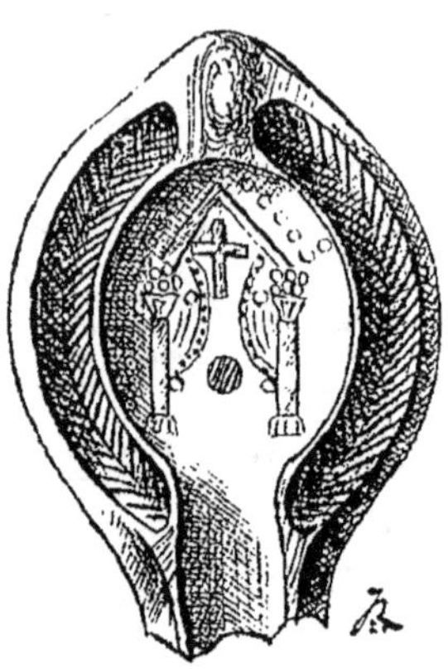

La Croix sous un portique

Mais à quelle époque remontent les premières apparitions de la Croix ?

C'est dans les Catacombes de Rome qu'on en rencontre des exemples datant du IIe et IIIe siècle.

J'ai publié, en 1928, une petite brochure intitulée : « *Les plus anciennes représentations de la Croix sur des objets des deux premiers siècles trouvés à Carthage.* »

Nos trouvailles ont confirmé ce qu'avait déjà signalé l'éminent archéologue de Rossi, à savoir que la Croix sous sa forme latine apparaît plus tôt en Afrique qu'à Rome, et en particulier à Carthage.

Tertullien [1] désignait les Chrétiens par un double mot que l'on pourrait traduire par « les dévots de la Croix » *Crucis religiosi.*

A cause des persécutions, la Croix figura d'abord timidement et comme à la dérobée sur des ustensiles domestiques, sur des objets d'argile, sortis des ateliers païens, mais qui avaient passé, au moment de la fabrication, par les mains d'ouvriers chrétiens.

Sur les épitaphes des fidèles, la Croix apparaît d'abord d'une façon dissimulée se rapprochant d'un instrument de travail, comme on peut le voir, à Carthage, dans l'épitaphe

de *Generosa*, provenant de la *Basilica Majorum.* Puis nous l'avons trouvée très nettement accusée sur la tombe de *Caprus* dans une très ancienne *area* découverte non loin de la même basilique.

Ces deux représentations de la *Croix* que nous venons de mentionner sont, croyons-nous, antérieures à la victoire de Constantin et à l'édit de Milan (313).

Avec la liberté donnée à l'Eglise, le clergé et les fidèles s'empressèrent, à l'envi, de la faire figurer sur les monu-

(1) Apolog. XVI.

ments et sur les objets à leur usage, en même temps que le monogramme du Christ, X et P, connu sous le nom de monogramme constantinien.

C'est alors que s'établit, parmi les fidèles, l'usage de porter, au cou ou sur la poitrine, la croix ou le monogramme. Le Musée Lavigerie possède de ces petites croix et de ces monogrammes pouvant être portés comme médailles. Nous avons également trouvé à Carthage des moules qui servaient à les fabriquer, soit en bronze ou cuivre, soit en plomb.

Mais la croix se montre d'abord sous la forme simple, appelée *croix grecque* quand les quatre branches sont d'égale longueur, et appelée *croix latine* quand la branche inférieure est plus longue que les trois autres.

C'est la *croix latine* qui domine sur les marbres et sur les poteries de Carthage.

La vénération pour la Croix fut telle que, plus tard, les iconoclastes, ces ennemis acharnés des peintures et des sculptures, de toute représentation religieuse, arrêtèrent leur fureur devant la *Croix*. Non seulement ils l'épargnèrent, mais, ce qui paraît étrange de leur part, vu leur fanatisme, ils la respectèrent et conservèrent pour le signe sacré de notre rédemption, une vraie dévotion.

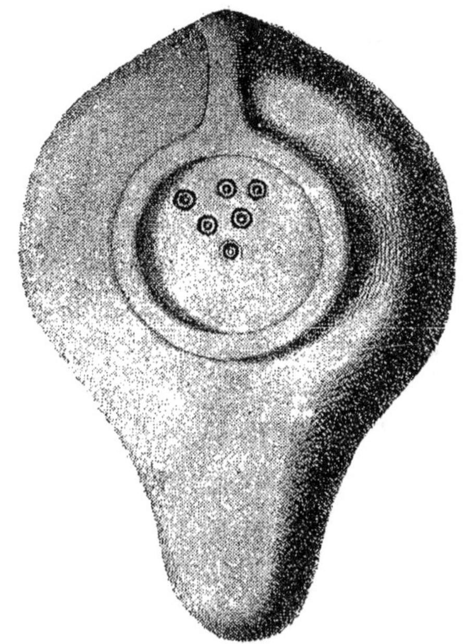

Revers de la lampe précédente

L'empereur Constantin, après sa victoire sur Maxence au pont *Milvius* (312), fit de la croix un symbole de triomphe et de gloire.

Au rapport d'Eusèbe, témoin oculaire, l'Empereur plaça une croix devant la porte de son palais, et il n'y avait rien de plus beau ni de plus précieux dans sa chambre qu'une

autre croix de l'or le plus fin et enrichie de pierres pré-
cieuses [1].

Il en fit placer une, également en or, sur le tombeau de
saint Pierre au Vatican.

Lorsqu'il eût construit la basilique du Saint-Sépulcre, il fit
suspendre à la voûte une immense croix gemmée, écrit M.
Bréhier dans « *L'Art chrétien* » (p. 68).

D'après le même auteur, une croix analogue décorait le
plafond du palais de Constantinople.

On rapporte aussi que, sous le règne de l'Empereur Jus-
tinien, le général Bélisaire, après avoir battu les Vandales
en Afrique, fit don à Saint-Pierre de Rome d'une croix in-
crustée de diamants. D'après le savant Schmidt, cette pré-
cieuse croix provenait peut-être de Carthage, la ville dont
Bélisaire venait de s'emparer.

Comme on le voit, on s'appliquait à orner richement le
Signe du Christ.

Fréquemment a été trouvée à Carthage la *croix gemmée*
sur les poteries et en particulier sur les lampes.

Elle figurait dans les monuments publics ainsi que sur les
objets domestiques comme emblème de la Victoire de la
vraie Religion sur le Paganisme. L'Empereur Constantin,
dans sa vision de 312, n'avait-il pas vu la Croix lui appa-
raître avec ces mots en caractères de feu : IN HOC SIGNO
VINCES, vision qui fut suivie de sa victoire sur Maxence.

Mais le symbole du triomphe du Christianisme, ne devait
pas faire oublier les souffrances et la mort du divin Rédempteur. La découverte de la vraie croix, en 326, par sainte
Hélène, mère de Constantin, dut naturellement en raviver
le souvenir parmi les fidèles.

Cependant, l'idée de représenter Jésus-Christ souffrant ou
mort, attaché à la Croix, ne fit son apparition que plus tard.

On n'a pas trouvé à Carthage et on ne trouvera probablement pas en Afrique de crucifix datant d'avant l'invasion
arabe. Mais nous croyons avoir trouvé ce qui l'a précédé.

---

[1] Saint Jure, *Le Livre des Élus ou Jésus crucifié*, 1826, p. 270.

Depuis longtemps déjà l'*Agneau* était considéré comme le crucifix par les fidèles. Pour eux, l'*Agneau* était la victime divine immolée pour le salut du Monde. « L'Eglise, écrit l'Abbé Martigny, se plut surtout à leur offrir l'image de l'agneau qui est la plus ancienne comme la plus frappante des figures du Sauveur des hommes. »

Malgré la victoire de Constantin et la liberté donnée à l'Eglise, on continua à voiler aux yeux des païens ce qui rappelait la Passion de Jésus condamné au supplice des esclaves.

Mais les chrétiens eurent un moyen de figurer, ou du moins de rappeler, l'immolation de Jésus et de son sang versé sur la croix.

Nous trouvons sur des lampes de Carthage la Croix, marqué au centre d'une petite croix, et ses bras entièrement remplis de branches de vigne.

En présence d'une telle croix, accostée de colombes ou entourée de cœurs, n'y a-t-il pas lieu de reconnaître que la *Vigne* et ses grappes de raisin sont là pour représenter *Celui*

qui a dit de sa bouche divine: « *Ego sum vitis vera* ». Je
suis la vraie Vigne. Et comme la Vigne est le symbole bien
connu de l'Eucharistie, est-il téméraire d'appeler cette croix
pamprée *Croix eucharistique* ?

Serait-il téméraire de reconnaître ici une des représentations qui a dû précéder d'assez près l'apparition du crucifix ?
Les pampres rappellent le sang de Notre-Seigneur qui em-
pourpra la Croix du Calvaire.

Nous avons dit plus haut que l'*Agneau* fut un des plus
anciens symboles de Jésus donnant sa vie pour le salut du
monde.

A Carthage, nous voyons sur nos lampes, la croix et aussi
la croix monogrammatique ornées au centre d'un médaillon
renfermant l'agneau et même l'agneau avec une petite croix

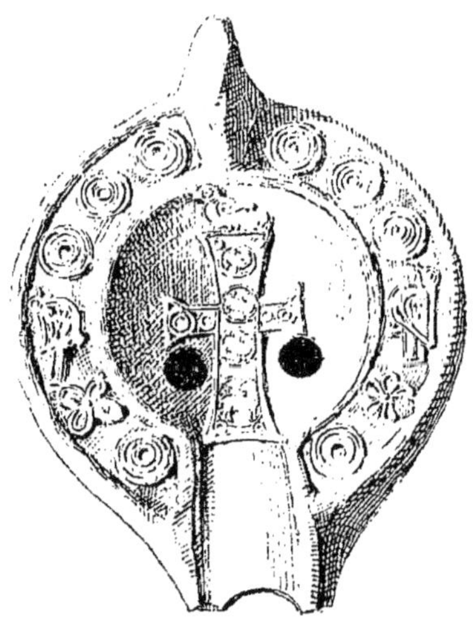

La Croix aux médaillons à l'agneau
et surmontée de la colombe

dressée sur son dos. Bien plus, des croix, au lieu d'avoir
leurs branches remplies de feuilles de vigne et de raisins,
ont leur champ entièrement couvert de semblables médaillons à l'agneau et à l'agneau avec la croix sur le dos.

Il n'y a pas de doute que dans l'agneau ainsi représenté, on a voulu figurer Jésus, immolé, portant l'instrument de sa Passion et de sa Mort.

L'archéologie chrétienne offre fort peu d'exemples de cette manière de représenter l'agneau, tandis qu'à Carthage nous la rencontrons souvent.

Ces médaillons, qui rappellent d'une façon si évidente le sacrifice du Calvaire, occupent dans la croix de nos lampes la place même que l'art chrétien ne tardera plus longtemps à donner aux membres sanglants du divin Rédempteur, sur le bois sacré de son sacrifice.

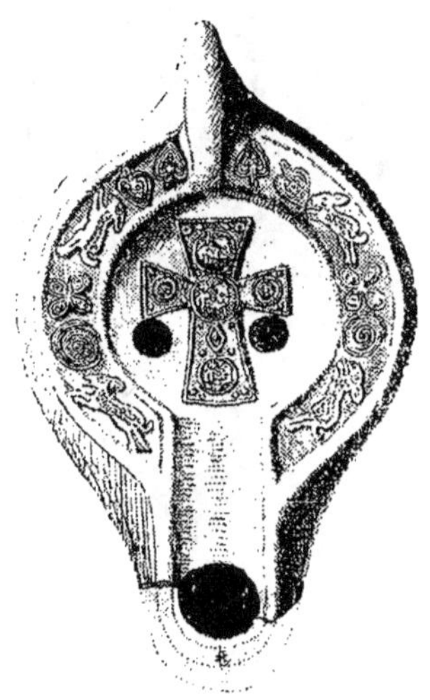

La Croix aux médaillons à l'agneau

La croix ainsi ornée de médaillons à l'agneau est accostée de cœurs. On la voit aussi entourée de *poissons*, de *colombes*, de *cœurs*, de monogrammes du Christ, de fleurons cruciformes, de lièvres, etc..., autant de motifs qui figurent les fidèles par rapport au divin Agneau immolé pour le salut du monde.

Si l'agneau seul est un symbole eucharistique, à plus forte

raison quand il apparaît plusieurs fois sur la croix, comme la Vigne sur d'autres croix.

Ce qui vient encore confirmer le symbole eucharistique de l'agneau avec la croix sur le dos, c'est que nous le voyons sur nos lampes, tantôt tenu entre les pattes d'une colombe, tantôt dans les mains d'un personnage qui ne peut être qu'un chrétien.

Ces représentations font assurément allusion à la Communion.

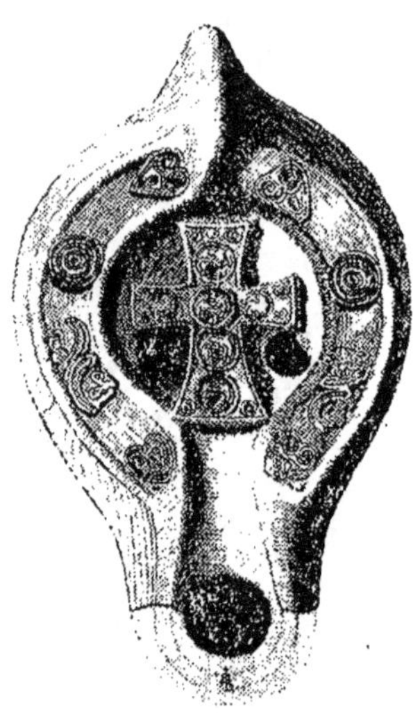

Le sentiment profondément chrétien des artisans qui fabriquaient ces lampes, leur inspirait parfois des combinaisons qui nous paraissent étranges, dont seuls ils avaient le sens symbolique.

En étudiant avec attention chacune de nos lampes, à côté de motifs, peu nombreux d'ailleurs, difficiles à expliquer, on retrouverait tout un enseignement catholique, on y reconnaîtrait sous des symboles, les principaux mystères de notre sainte religion, la Très Sainte Trinité, l'Incarnation, la Rédemption, l'Eucharistie, etc...

Oui, vraiment, ces menus objets d'usage journalier parmi les fidèles, leur rappelaient les mystères de notre foi, et formaient une sorte de *Catéchisme en images*, selon l'expression du Cardinal Perraud, lorsqu'il visita le Musée Lavigerie.

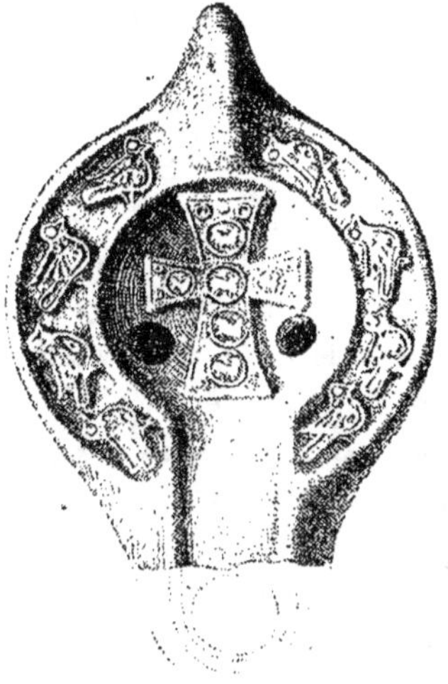

L'an dernier, le 30 avril, Mgr Heylen, Evêque de Namur, Président du Comité permanent des Congrès Eucharistiques

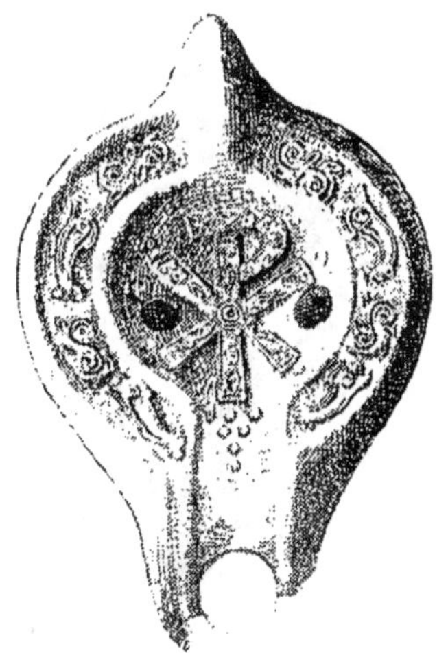

Chrisme, grappe de raisin et poissons

internationaux, venait traiter avec Mgr l'Archevêque, l'or-
ganisation du Congrès de Carthage. Il était accompagné du
R. P. Tharsicius et du Comte d'Yanville. A peine débar-
qué à Tunis, qu'il avait hâte de voir le site où se tiendrait
le Congrès! Mgr l'Archevêque, au volant de son auto,
l'amena avec ses compagnons directement à Saint-Louis. Je
fus heureux de mettre sous leurs yeux un choix de lampes
chrétiennes. A la vue de tant et de si précieux symboles
eucharistiques, Mgr Heylen, le R. P. Tharsicius et le Comte
d'Yanville, manifestèrent leur impression en disant : « Voilà
ce qu'il nous faut pour le Congrès! Voilà ce qu'il faut re-
produire, ce sera l'archéologie eucharistique. »

C'est la pensée qui nous a guidés dans le choix des symboles pour le riche ostensoir, le calice et le ciboire destinés
à Jésus-Hostie pendant les solennités du Congrès Eucharistique international de Carthage.

Ce que nous avons écrit de la Croix Eucharistique peut
s'appliquer au monogramme du Christ et à la Croix monogrammatique.

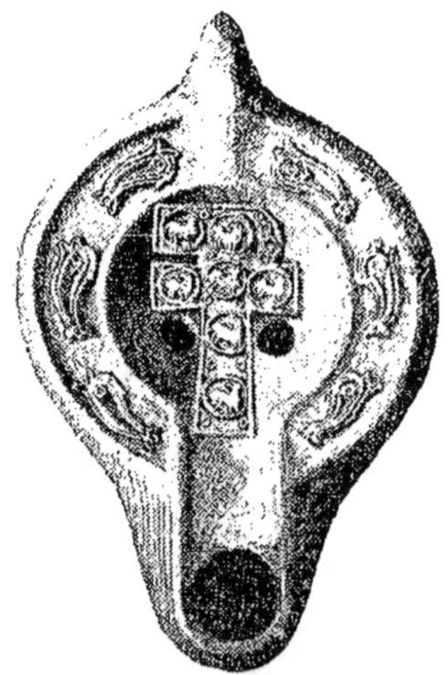

C'est la même pensée qui en a inspiré l'ornementation,
lorsque celle-ci renferme la feuille de vigne, les raisins ou
l'agneau.

Fulget Crucis Mysterium

Épilogue

Faute de temps, et non pas de matériaux, nous arrêterons ici la série des principaux symboles eucharistiques relevés à Carthage. Elle suffit à établir quel trésor de précieux documents la terre recouvrait et qu'offre aujourd'hui à l'étude le Musée Lavigerie.

Ces symboles méritaient d'être mieux connus et utilisés.

Chrisme sous un tabernacle
et grappe de raisin

Lorsque le Cardinal Lavigerie entreprit de construire à Tunis une Pro-Cathédrale, il avait inséré dans son projet que les chapiteaux de la nouvelle église reproduiraient en sculpture les principaux symboles de nos lampes chrétiennes. Ce projet ne fut pas exécuté. Mais plus tard, Mgr Raoul, reprenant la pensée du Cardinal, fit sculpter des symboles eucharistiques, choisis dans nos collections, sur l'intrados des arcades du chœur. Il est regrettable qu'ils ne soient pas davantage à la portée de la vue.

Dans la Primatiale de Carthage, l'autel du Très Saint-Sacrement et de saint Louis, don votif de la Colonie française en reconnaisasnce de la victoire et de la paix, est entiè-rement décoré de symboles eucharistiques empruntés au Musée Lavigerie.

La porte du tabernacle montre la Croix remplie de grappes de raisin, cette croix que l'on a appelée *pamprée* et que nous avons appelée la *Croix eucharistique.*

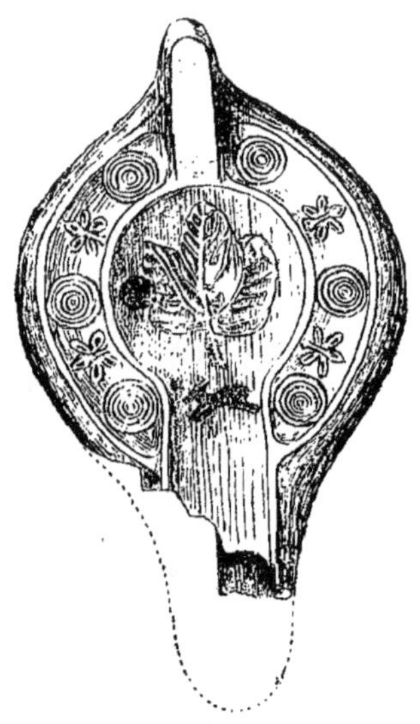

Sur le fronton, est sculpté le Calice d'où émerge le Poisson, l'IXΘΥΣ symbolique, et au-dessus, dans les angles, apparaissent les *pisciculi*, emblèmes des fidèles, enfants de l'IXΘΥΣ céleste, selon l'expression de *Pectorius* dans le fameux texte grec d'Autun.

Le rétable est décoré, de chaque côté, d'un calice d'où sort une vigne, avec colombes perchées sur ses branches

Quant à l'autel lui-même, à droite et à gauche du Monogramme du Christ, accosté de l'*alpha* et de l'*oméga,* se voit sur fond d'or des symboles empruntés à nos lampes chrétiennes. Dans les sculptures, les cœurs marqués de la croix ou du monogramme du Christ n'ont pas été oubliés.

C'est la même pensée qui a présidé au projet de l'Ostensoir du Congrès, ainsi que du Calice, du ciboire et même de l'encensoir.

L'Ostensoir mérite d'être décrit.

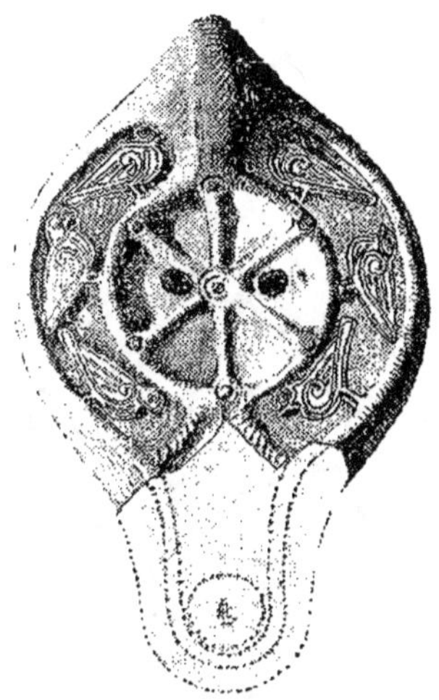

La Croix eucharistique, les bras remplis de pampres, en forme la partie principale. Au centre, la Sainte-Hostie sera entourée de l'inscription qui se lit sur un moule à hosties décrit au début de cette publication et qui n'est autre que la parole même de Notre-Seigneur dans l'Evangile de saint Jean : EGO SVM PANIS VIVVS QUI DE CŒLO DESCENDI, « *Je suis le pain vivant qui suis descendu du ciel* ». Entre les bras de la Croix sont douze médaillons formant couronne. La Croix est encore accostée de deux colombes et de deux agneaux portant chacun une petite croix sur le dos. Tout le soleil de l'ostensoir est circonscrit dans une couronne de cœurs marqués d'une croix.

Sur le pied de cet ostensoir on a fait figurer le calice rempli de sang sur le rocher, d'où sortent les quatre sources auxquelles viennent s'abreuver le cerf et la biche agenouillés, d'après la mosaïque de la Basilique de *Bir-Ftouha*, que nous croyons avoir été le lieu du martyre de saint Cyprien.

Notre-Dame de Carthage, sculptée en ivoire, achève le décor.

Ce riche ostensoir est dû à l'initiative de Mme Louis Carton, la veuve de l'archéologue qui a tant contribué à faire connaître Carthage et la Tunisie. L'exécution de cette œuvre d'art a été confiée à un habile orfèvre de Paris, M. Brunet.

En terminant ce travail, je me permettrai d'exprimer un vœu qui, je crois, répondra aux sentiments d'amour et d'action de grâces qui remplissent les âmes de tous les Membres du Congrès Eucharistique de Carthage, envers Jésus-Hostie.

Que tous les prêtres, que tous les architectes qui auront à construire des églises, à élever des autels au Divin Sacrement aiment à choisir, pour les décorer, des symboles eucharistiques des premiers siècles du christianisme trouvés à Carthage, à Rome, en Gaule ou ailleurs.

Qu'ils les y fassent figurer toujours, quand il s'agit du Tabernacle qui doit garder la Sainte Réserve.

Autre vœu. — Que les prêtres et les fidèles, quand ils visitent les ruines des antiques basiliques de Carthage, de Tunisie, d'Algérie, du Maroc ou d'ailleurs, s'arrêtent avec piété à l'emplacement de la *confession* ou du *ciborium*, c'est-à-dire à l'endroit même de l'autel sur lequel Jésus-Christ se rendit jadis, tant de fois présent, à la parole sacramentelle de l'évêque ou du prêtre. Qu'ils se recueillent et prient avec ferveur, demandant au Dieu de l'Eucharistie d'y revenir.

Combien j'aimerais à voir la messe célébrée, à certains jours, dans tous les *Lieux Saints* de Carthage.

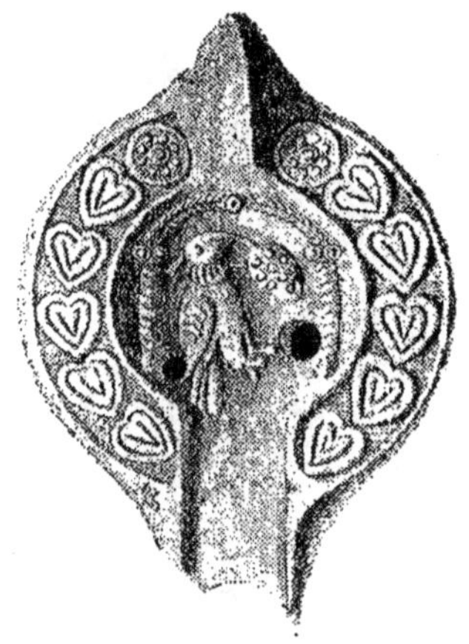

Il est si touchant et particulièrement consolant, pour des cœurs chrétiens, de voir ainsi Jésus-Hostie reparaître là où jadis la foule des pieux fidèles venaient l'adorer et lui demander des grâces en retour de leur foi et de leur amour.

Cette joie me fut donnée à Carthage en 1921. Le 26 mai, jour de la Fête-Dieu, la procession du Très Saint Sacrement se rendit du Sanctuaire de Sainte-Monique à la basilique de Saint-Cyprien, heureusement retrouvée.

Ç'était la réalisation d'un de mes plus chers désirs, mais

que je n'osais même pas exprimer. L'initiative spontanée vint à une grande âme, la Supérieure de Sainte-Monique, la si regrettée Mère Marie Jehanne d'Arc. En me demandant de faire cette procession jusque dans la basilique, elle était allée au-devant de mes vœux.

La grande nef fut ornée de longues et magnifiques guirlandes par les soins et le dévouement eucharistique des Franciscaines Missionnaires de Marie. Le reposoir fut dressé au centre même du *ciborium*. C'était bien le retour triomphal de Jésus-Hostie dans son ancienne basilique carthaginoise.

Depuis, cette solennité d'un caractère particulier se renouvelle chaque année et attire toujours une pieuse assistance.

Plus tard, pour répondre au désir de la Supérieure Générale des Franciscaines Missionnaires de Marie, ce ne fut pas seulement un salut du Saint-Sacrement qui fut donné dans la Basilique, mais j'eus la grande joie, avec l'autorisation de Mgr l'Archevêque, d'y célébrer la Sainte Messe, joie que j'eus encore une seconde fois.

Qui jamais eût pensé que c'était le prélude des cérémonies solennelles et grandioses qui vont se dérouler pendant les jours du Congrès, en particulier dans la *Basilica Majorum*

et dans celle de saint Cyprien, ainsi qu'à l'amphithéâtre et
à la Primatiale ?

Il est bien regrettable que, pour une telle manifestation
religieuse, on n'ait pu disposer des autres emplacements des
Lieux Saints de Carthage.

Honneur, adoration, gloire et amour à notre divin Rédempteur vraiment, réellement, substantiellement présent
dans le Très Saint-Sacrement !

A Lui, toutes nos louanges et nos ferventes actions de
grâces ! A Lui, nos vies, à Lui nos âmes, à Lui toutes les
fibres de nos cœurs !

Amour, amour, éternel amour à Jésus Amour !

Fiat ! Fiat !

Saint-Louis de Carthage, 17 Avril 1930.
Jeudi Saint, *In Cœna Domini*.

A. L. DELATTRE,
des Pères Blancs.

TABLE DES MATIÈRES

	Pages
Les Symboles Eucharistiques	3
Les Mosaïques	11
Carthage	14
Les Marbres	21
Les Lampes	27
Le Poisson	39
Les *Pisciculi*	46
L'Agneau	49
Le Lion	56
Le Cerf	59
L'Aigle	62
Le Calice	65
La Colombe	70
Le Cœur	78
Le Palmier	83
Le Phénix	87
Le Pélican	91
La Croix Eucharistique	94
Epilogue	105

PUBLICATIONS DU MUSÉE LAVIGERIE

147. *Un pèlerinage aux ruines de Carthage et au Musée Lavigerie*, 2ᵉ éd., 1907, 128 pages, plan et 60 gr. (épuisé).

160. *Le Culte de la Sainte-Vierge en Afrique, d'après les Monuments archéologiques*, 224 pages (épuisé).

192. *L'Amphithéâtre de Carthage et le pèlerinage de Sainte Perpétue*, 24 pages.............................. 5 fr.

196. *Deux enseignes de pèlerinage de Notre-Dame de Boulogne trouvés à Carthage*, 16 pages, 2 gr.................... 2 fr.

198. *Carthage Terre Mariale. Dix années de trouvailles* (1904-1914).. 2 fr.

213. *Sainte-Monique. Les reliques et son culte*, 19 pages... 1 fr.

217. *Les Petites Saintes de Thuburbo Maxima, Donatilla et Secunda*, 16 pages, 1 gr................................. 2 fr.

222. *Carthage Terre Mariale. Dix nouvelles années de trouvailles* (1915-1925)................................. 2 fr.

223. *Saint Louis et sa dévotion à Marie*, 2ᵉ éd., 25 pages.... 2 fr.

224. *Carthage Terre Mariale.* Trouvailles 1925-1926....... 2 fr.

226. *L'Epigraphie funéraire chrétienne à Carthage*, 100 pages, nombr. grav.................................... 10 fr.

228. *Carthage autrefois, Carthage aujourd'hui. Description et Guide*, 167 pages, nombreuses gravures................. 10 fr.

229. *La représentation du Cœur de Jésus dans l'Art chrétien*, 19 pages avec gr.................................... 2 fr.

232. *Les plus anciennes représentations de la Croix*, 20 pages avec gravures..................................... 2 fr.

233. *Carthage Terre Mariale.* Trouvailles 1926-1928........ 2 fr.

P. LAPEYRE. *Carthage*, plaquette avec nombreuses illustrations 5 fr.

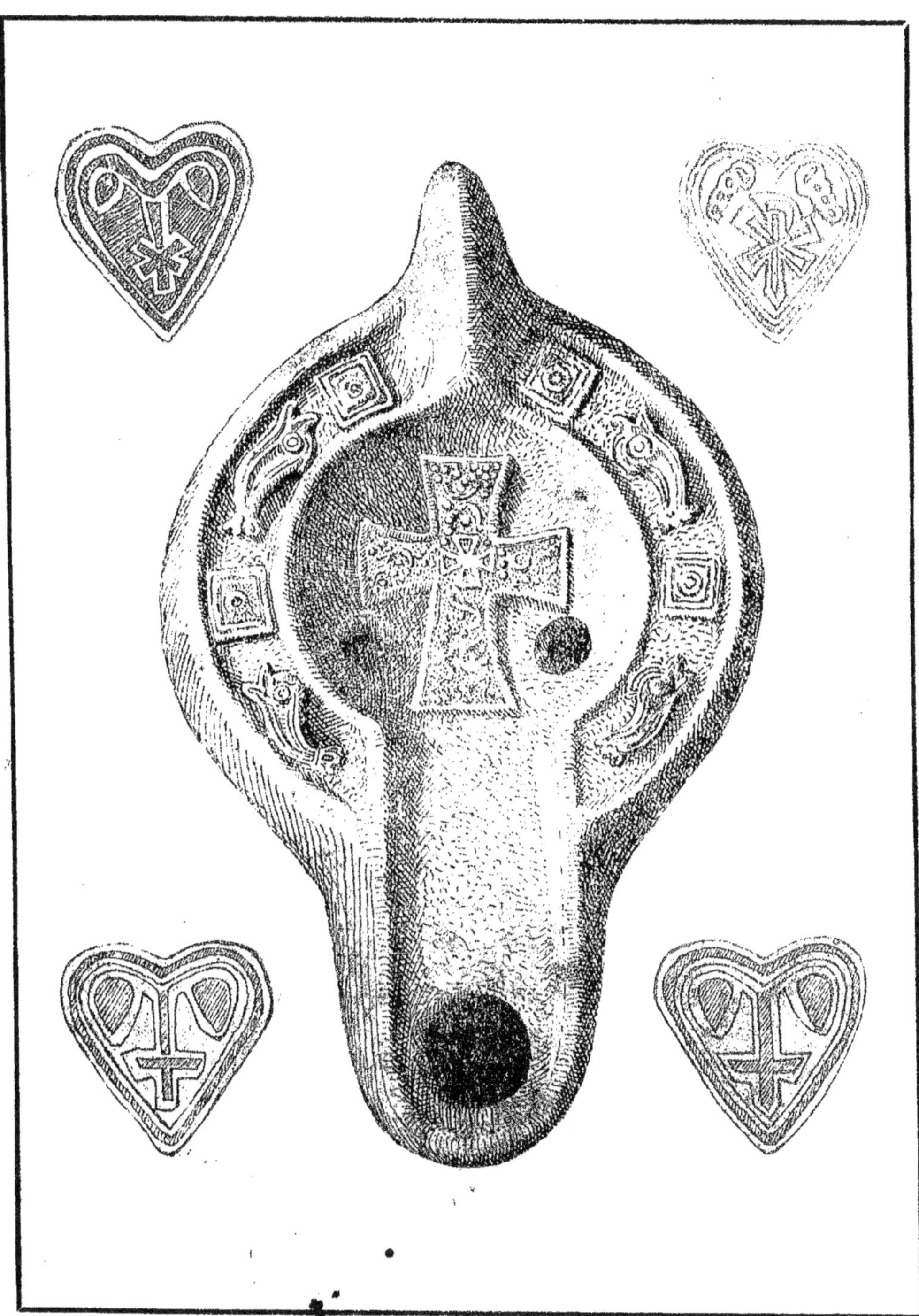